ILS ONT PERDU LA RAISON

DU MÊME AUTEUR

Pour en finir avec les histoires d'eau : l'imposture hydrologique, avec Henri Voron, Plon, 2012

La peur est au-dessus de nos moyens : pour en finir avec le principe de précaution, Plon, 2011

Très cher santé, Perrin, 2009

Les Prêcheurs de l'apocalypse : pour en finir avec les délires écologiques et sanitaires, Plon, 2007

L'Hôpital, PUF, « Que sais-je ? », 2005

L'Hôpital vu du lit, Seuil, 2004

La Santé mentale des Français, avec Raymond Lepoutre, Odile Jacob, 2002

La Qualité des soins en France, Éditions de l'Atelier, 2000

Santé, pour une révolution sans réforme, Gallimard, « Le Débat », 1999

La Santé intouchable : enquête sur une crise et ses remèdes, Lattès, 1996

La santé rationnée ?, avec John Kimberly et Victor Rodwin, Economica, 1981

JEAN DE KERVASDOUÉ

ILS ONT PERDU LA RAISON

Diesel, nucléaire, pesticides, santé, OGM, énergie, science

ROBERT LAFFONT

ISBN 978-2-221-13851-9

« Il n'y a pas de vin naturel ; il n'y a pas de froment naturel. Le pain et le vin sont un produit du génie de l'homme. La nature elle-même est un merveilleux artifice humain. »

Jean Jaurès,
La Petite République, le 31 juillet 1901

Sommaire

Préambule

La France ne va pas bien. Les Français dépriment, même s'ils n'ont pas perdu toute foi en l'avenir et le montrent en faisant des enfants. Mais chacun peut constater les difficultés des plus jeunes, la croissance du chômage et l'exil de jeunes talentueux. Il flotte dans l'air quelque chose d'impalpable, à la fois de désabusé et d'agressif. Paris a perdu de sa légèreté. Une musique s'est tue. Un ressort s'est cassé. Lequel ? Où ? Peut-on le réparer ?

Les rapports succèdent aux essais et les déclarations politiques aux avis des experts, mais le malaise perdure notamment parce que les politiques s'accommodent de la vérité. Nicolas Sarkozy, déjà, répondait à un professeur de médecine, spécialiste de nutrition humaine, que si lui, président de la République, interdisait les cultures d'organismes génétiquement modifiés (OGM) c'était « parce que les Français croient que c'est dangereux, même si je suis persuadé du contraire ».

Quant à la gauche, peut-on avoir confiance en son élite politique alors que deux de ses ministres en exercice (Mmes Duflot et Batho) affirment au début de l'année 2013 que les moteurs Diesel sont, en France, chaque année, responsables de plus de 40 000 morts ? Or la première cause de mortalité en France est le cancer du poumon : il tue 26 900 personnes par an et est, pour l'essentiel, la fâcheuse conséquence de la consommation de tabac.

Comment ne pas s'esclaffer quand la même Mme Batho invoque le principe de précaution pour interdire un match de football dans la région de Rouen où, ce soir-là, régnait une entêtante odeur de mercaptan, gaz aussi malodorant qu'inoffensif ? Il n'y avait là aucun besoin d'invoquer un quelconque principe, fût-il de précaution, la mauvaise odeur suffisait !

Comment ne pas s'indigner quand des administrations laissent mourir les palmiers de la Côte d'Azur alors qu'existe un produit efficace, approuvé par les agences compétentes et autorisé dans d'autres pays de l'Union européenne ? Pourtant les charançons, fussent-ils rouges, ne votent pas !

Comment comprendre que la France s'interdise d'explorer l'existence de ses éventuelles réserves de gaz de schiste ? Au nom des dangers de la « fracturation » ? Mais comment faisait-on autrefois ? Bien pire, je le crains. On allait jusqu'au stade ultime de la fracturation car, non seulement on concassait la roche, mais on l'enlevait. Restaient dans le sous-sol des trous qui finissaient par s'affaisser et cela s'appelait… des mines !

Formé à l'écologie scientifique et ayant consacré ma vie à la santé publique, les problèmes de ces deux domaines me touchent et, parfois, me concernent. La surpêche dans les mers du globe, la transformation de la savane africaine, la disparition de la forêt équatoriale, la pollution des océans par les plastiques, la destruction de sites remarquables par le tourisme, la pollution atmosphérique (en Chine notamment), la destruction des sols dans les pays arides… me préoccupent. Quant aux questions sanitaires, j'essaye, à ma modeste mesure, d'agir sur la mort des enfants des pays pauvres, les conséquences de l'obésité et du diabète dans les pays riches, l'impuissance à traiter les maladies du grand âge et la crise des systèmes de santé en France, comme dans d'autres pays de la planète. La question du lien entre l'homme et la nature, comme la santé des hommes, est bien au cœur de mes préoccupations, ce n'est pas cela qui est en cause ici.

En revanche, des problèmes considérés comme « prioritaires », voire « évidents », par la classe politique dans ces domaines ne me semblent pas toujours mériter ces qualificatifs. De surcroît, les remèdes proposés, quand ils se concrétisent, relèvent le plus souvent d'une analyse superficielle qui tient beaucoup de l'opinion et peu de la raison. Ainsi, sans minimiser l'importance des questions climatiques, l'exemple allemand illustre que la taxe « carbone » est bien un moyen coûteux et inefficace de réduction des émissions de gaz à effet de serre[1], mais cette démonstration empirique ne semble pas troubler les partisans de cette écotaxe.

Cet exemple n'est qu'un parmi d'autres et il me semble bien que l'on a collectivement perdu la raison, au sens où la réalité ne compte plus. Le premier signe de cette déraison se manifeste par la confusion de la pensée et s'illustre notamment par le mélange des valeurs comme cette prétention nouvelle de prétendre que le bon doit être juste et que le juste doit être vrai. La dégoulinante bien-pensance étouffe l'analyse des faits jugée alors comme quantité négligeable.

Pourtant, si nous, les Français de ce début du XXIe siècle, sommes vivants – il n'y a là rien d'évident –, si nous jouissons de grandes facilités pour nous nourrir, nous déplacer, nous soigner, nous chauffer, c'est parce qu'il y a cinq siècles des hommes sont sortis de la confusion des ordres et ont trouvé un nouveau moyen de résoudre pacifiquement certains de leurs conflits. Ils ont inventé la méthode scientifique où, pour convaincre, il ne suffisait plus de compter sur des talents oratoires et des opinions – fussent-elles généreuses – mais sur la force des raisonnements et la qualité des expériences. Celles-ci devaient pouvoir être reproduites pour que d'autres, plus tard, puissent vérifier le bien-fondé des hypothèses sous-jacentes.

1. Les rejets de gaz carbonique ont augmenté de plus de 2 % en Allemagne en 2012.

Depuis, il est ainsi possible de tout ignorer des découvertes de la physique du XXe siècle et de constater cependant que, quand on appuie sur une télécommande, une image apparaît sur l'écran du téléviseur. Ce système technique, comme beaucoup d'autres, doit tout à la science. Cela « marche » et le progrès s'est épanoui car des hommes – pas tous – sont sortis de la pensée magique et ont, provisoirement tout au moins, limité le champ des croyances.

Ils ont affirmé que tout n'était pas religieux, même si pour beaucoup la religion avait bien son domaine car la science ne dit rien de ce qui est juste, beau, aimable ou équitable mais elle a beaucoup à dire sur ce qui est vrai, même si ses vérités ne sont jamais définitives.

Cette brèche ouverte à la fin du Moyen Âge a permis à des hommes de se lancer avec passion dans la découverte de la nature. La France les a longtemps accueillis sans réserve, même si c'était souvent avec peu de moyens. La République et ses élus les écoutaient, ce n'est plus le cas.

Aujourd'hui, des organisations aussi non gouvernementales (ONG) que non scientifiques, avec l'appui de la presse, manipulent l'opinion. La peur s'installe. Des politiques s'en saisissent et pensent pouvoir contraindre la curiosité des chercheurs ; alors ceux-ci s'en vont. Quant aux politiques, prétendant combattre cette peur, ils légifèrent et tentent de se substituer aux scientifiques et aux historiens. La démocratie d'opinion règne. Les sophistes, qui ne croient à rien d'autre qu'aux sondages et aux élections, pavoisent. L'économie régresse. L'époque est à la confusion. Il importe d'en comprendre la nature pour réagir.

1

Héritier du progrès

Vous comprendrez peut-être ainsi
que tout savoir sera mort dès l'instant
où se fermera la porte de l'avenir.

Dante, « L'enfer », 10

À l'instar de ce qui s'est passé dans les années 1950 au Parti communiste pour les intellectuels, pour d'autres raisons, les scientifiques et les ingénieurs qui ont accompagné le Parti socialiste depuis sa création s'en éloignent ; je suis l'un d'entre eux. Ce mouvement se fait à bas bruit médiatique : pas de pétition, pas d'éclat, mais la distance s'accroît et avec elle la tristesse de ceux qui ne cherchent plus à être compris, voire entendus. Ce n'est pas qu'ils aient abandonné le combat de leur jeunesse pour plus d'égalité des chances, plus de justice, plus de liberté ou pour plus de protection des faibles, des malades, des pauvres ou des handicapés ; non, ces sentiments demeurent vivaces et leur engagement profond. La cassure est ailleurs.

En effet, si l'on en juge par plusieurs décisions récentes, il semble évident que les élites et élus du Parti socialiste ne croient plus au progrès et en la force de la méthode scientifique qui pourtant, en cinq siècles, a transformé le monde. Comme l'équipe qui les a précédés au pouvoir, ils confondent valeurs et faits empiriques, ce qu'ils souhaitent et ce qui est, mélangent légitimité politique et légitimité scientifique. Cessant de regarder le monde, ils le rêvent et se comportent, dans le domaine de la fiscalité notamment, comme si les frontières étaient fermées et que les Français allaient toujours se comporter comme le Parlement le décidait… Paralysés, ceux qui étudient ce monde ne peuvent cependant que jouer les cassandres ou se taire, avant de s'en aller.

Quarante années se sont écoulées depuis que, débarquant d'un doctorat dans une université américaine, je participais aux premières réunions de la « commission recherche » du Parti socialiste. La croyance au progrès allait de soi et, avec elle, la foi dans les vertus de la raison. Nous militions, vendions *L'Unité*[1] par des froids matins d'hiver, collions des affiches, participions à des mouvements proches du parti[2] et aux commissions[3] qui nous intéressaient, tout

1. *L'Unité* était le journal du Parti socialiste vendu par les militants, pour moi à la sortie du métro Balard. On prétendait qu'il s'appelait ainsi car, malgré plusieurs heures de présence sur le pavé, on en vendait rarement plus d'un numéro par dimanche.

2. Comme « Santé et socialisme ».

3. Pour moi donc ce fut d'abord la commission « Recherche », menée de main de maître par Robert Chapuis et Pierre Papon. Ils nous réunirent

cela en travaillant. Le parti était pauvre, avait peu d'élus et encore moins de permanents. Militer n'était pas un métier. La défaite aux élections législatives de 1978 fut une profonde déception. Vint 1981.

Les premières années de pouvoir furent, dans le domaine de la recherche tout au moins, celles de l'enthousiasme et, je pense, de la réussite. Jean-Pierre Chevènement fut un grand ministre de la Recherche et de la Technologie et contribua notamment à rendre légitimes les liens entre la recherche publique et les entreprises.

Les années passèrent et, après cinq années de responsabilité administrative, je décidais de ne pas tenter une carrière politique, j'en avais de près mesuré le prix. Mon militantisme se transforma en compagnonnage. Les amis des premières heures étaient des élus, certains avaient été ou étaient ministres et, quand ils le demandaient, j'assistais à quelques réunions ou rédigeais des notes, conscient de leur devenir aléatoire. La passion s'était estompée, l'investissement n'était plus le même, d'autant que j'avais appris la difficulté de créer des entreprises. Je m'y consacrais.

Alors que les débats légitimes sur les mille manières de répartir la richesse produite par les entreprises accaparaient l'essentiel du temps des militants, ils ignoraient tout des conditions de production de cette richesse et du harcèlement administratif auquel

---

ainsi une fois par mois pendant huit ans ! Quelques dossiers avaient été préparés.

était soumis un chef d'entreprise. Ainsi, parmi tant d'autres, me revient en mémoire une affaire mineure, mais parlante. Après un changement d'adresse de l'entreprise que je dirigeais, son courrier fut bloqué par la poste pendant quinze jours au prétexte que la nouvelle adresse n'avait pas été enregistrée sur son « Kbis[1] ». Or, pour modifier ce document, il faut avoir déjà déménagé, réuni un conseil d'administration et avoir procédé aux démarches d'enregistrement de cette modification ! C'était avant Internet, le courrier était essentiel, je me rendais donc chaque matin à la poste centrale de Paris pour le chercher !

Je constatais que les ministres, de droite et de gauche, comme leur entourage et leurs administrations, ne percevaient pas les conséquences de leur incontinence bureaucratique et réglementaire. Si certains semblaient en être conscients et le disaient parfois, en réalité rien ne changeait. Les entreprises étaient plus que jamais noyées par des vagues de réglementations toujours plus nombreuses, toujours plus détaillées et de moins en moins applicables. Bien entendu tout cela se faisait au nom du « bien » et de la « qualité », sans que le lien entre les normes imposées et un avantage ait pu être démontré. Vu du côté des petites équipes de direction d'une PME, l'État faisait donc l'hypothèse qu'elles étaient capables de maîtriser le code de l'urbanisme, le code du travail, la fluctuante et innovante législation fiscale, la réglementation incendie, les contraintes spécifiques de la poste, de l'Urssaf…

1. Le Kbis est la carte d'identité d'une entreprise.

tout en cherchant des clients et en faisant travailler une équipe. Aussi, le discours des militants, le plus souvent permanents du parti, élus, retraités, agents du secteur public, semblait au tout petit patron que j'étais devenu pour le moins… décalé. Si j'avais à peu près réussi jusque-là à assister sans broncher aux réunions de sections, je n'avais pas l'ambition de publier une taxonomie des mille et une variétés de la langue de bois, je cessais de militer. Fidélité oblige, je me pensais et me disais toujours de gauche. L'engagement pour une société plus juste demeurait, mais je ne suivais plus que de loin en loin les déclarations des uns et des autres.

Mais, un jour, l'oreille accrocha et j'eus comme l'impression de me réveiller. Les demi-vérités jusque-là tolérées, sinon tolérables, apparaissaient pour ce qu'elles étaient. En outre, je constatais que l'émotion chez mes « amis » avait trop souvent remplacé la raison. Ils réagissaient, compatissaient, pétitionnaient, mais n'analysaient plus les bouleversements du monde et leurs conséquences sur notre pays. De partielles, les « vérités » étaient devenues partiales quand elles n'étaient pas franchement fausses. La novlangue qui avait toujours gangrené leur discours n'était plus que rideau de fumée. Les pensées qui se voulaient profondes n'étaient que creuses. L'analyse politique semblait avoir perdu son substrat logique.

La gauche devient conservatrice

Certes, la droite l'était déjà, mais je remarquais pour la première fois que la croyance en un progrès collectif possible n'était plus affirmée par le PS. La gauche ne jouait plus qu'en défense et, plus grave, le discours privilégiait la peur des conséquences éventuelles des applications des découvertes scientifiques et techniques. La déraison de droite comme de gauche conduisait à des « précautions » qui me semblaient le plus souvent inutiles et coûteuses parce que, tout simplement, infondées. L'opinion régnait en maître.

Dans le domaine social, ce décalage était moins prononcé et la connaissance des problèmes de fond plus partagée, au moins pour les questions de retraite. Toutefois, la lecture attentive des programmes montrait que la ligne consistait à prétendre qu'il serait possible d'étendre encore le champ de la solidarité aux soins dentaires, aux lunettes, à la dépendance, un toujours-plus irréaliste dans un système aux lourds déficits si l'on ne précisait pas les secteurs – ils existent – où l'on pouvait simultanément réaliser des économies.

Si l'on défendait la lettre des engagements passés, l'esprit semblait perdu. Or, sans paraphraser Lampedusa[1], il me paraissait que la seule chance de pouvoir garder l'essentiel, et notamment la protection

1. « Il faut que tout change pour que rien ne change », G.T. di Lampedusa, *Le Guépard*, Seuil-Points, 1980.

des plus fragiles, consistait à modifier une partie de la politique sociale ; mais la peur de toucher à la moindre virgule était considérée comme une vertu. La précaution proclamée remplaçait l'analyse détaillée, tout risque était banni.

De surcroît, il me semblait que le Parti socialiste, dans l'opposition, avait oublié que l'histoire pouvait être tragique, que, à l'instar des fortifications moyenâgeuses, les précautions, le moment venu, ne protégeraient personne. Comme toujours ce seraient les plus fragiles qui en paieraient le prix. Les Français ont été battus à Azincourt par des Anglais en plus petit nombre parce que ceux-ci étaient mobiles alors que leurs adversaires étaient engoncés dans leurs armures. Nous le sommes aujourd'hui dans les trois mille pages du code du travail, les quatre cent mille règlements et la bien-pensance qui fait croire à nos concitoyens que l'État va pouvoir toujours les protéger de tous les aléas parce que l'on construit des règles de plus en plus strictes, or ces règles finissent par détruire l'activité même qu'elle est censée protéger. Un exemple suffira.

En apprenant cet été que la moitié des enfants français ne partaient pas en vacances, je me suis demandé pourquoi les colonies avaient perdu de leur aura. Que s'était il passé ? J'interrogeais donc un ami, spécialiste des œuvres sociales des comités d'entreprise.

« Non, tu te trompes, me dit-il, les enfants aiment toujours aller en colo, mais ce n'est plus possible de garder cette activité. Un très grand nombre de colonies ont fermé et ferment parce qu'elles sont trop chères et, si elles le sont, c'est parce que l'administration requiert de telles normes pour les bâtiments qui les hébergent et de telles compétences chez les moniteurs qui les encadrent que les coûts deviennent prohibitifs. Il faut financer les travaux et rémunérer les moniteurs qui se professionnalisent, ou fermer. Si on investissait, les prix augmenteraient, mais alors les familles et les comités d'entreprise ne pourraient plus suivre, on ferme donc. En outre, et peut-être surtout, les responsabilités juridiques à l'égard des enfants sont telles que plus personne ne veut les prendre et courir le risque d'être un jour poursuivi sans raison pour un comportement, fût-il objectivement irréprochable. Tu ne connais pas les lois et les parents d'aujourd'hui ! »

La protection des personnes et la somme des précautions étouffent l'activité qu'elle sont censées réglementer. Les enfants sont donc bien protégés, au cas où ils se rendraient dans des institutions qui n'existent plus. Gageons que tout cela ne va pas s'arranger avec les nouvelles protections juridiques données aux « donneurs d'alerte ». L'excès de vertu finit par être fatal.

Bien entendu, le PS n'est pas seul responsable de ces dérives, mais, pour le moins, il ne les combat pas. La coupe était pleine. Je m'éloignais pour aller nulle part ; où aller ? Les autres ailleurs possibles sont plus redoutables encore.

Pourtant sur cette Terre, en cette première moitié du XXIe siècle, d'autres hommes croient au progrès. Les Chinois ont gagné trente-six années d'espérance de vie au cours du dernier demi-siècle et ils ont en mémoire le monde d'avant ; quant aux Indiens, ils savent que la « révolution verte » a spectaculairement limité les famines. Alors, ils investissent toujours, construisent des barrages, plantent des OGM, ouvrent des lignes TGV, font venir des chercheurs dans leurs universités. Ils croient en la possibilité d'un avenir meilleur et bien entendu cette attitude sera auto-réalisatrice : le fait d'y croire fait qu'elle se révélera, un jour pas si lointain, exacte.

Au même moment, en France, une grande institution de recherche rejette la notion de progrès comme pouvant être une valeur en soi ! Ainsi dans les « Les principes et valeurs du Comité d'éthique pour la recherche agronomique » de l'Inra[1] et du Cirad[2], il n'a pas été possible d'affirmer une croyance en un « progrès » possible. En revanche, selon ce document : « le progrès implique une société ouverte aux innovations techniques et sociales, en sachant qu'il faut analyser et prévoir l'impact de ces innovations sur les modes de vie, leur contribution au développement humain, et s'assurer d'un partage équitable des bénéfices qu'elles peuvent apporter[3]. » L'accent est donc mis sur les conséquences sociales du progrès, pas sur le progrès lui-même. Cette déclaration est étonnante de prétention. Ceux qui ont un jour lancé

1. Institut national de la recherche agronomique.
2. Centre de coopération internationale en recherche agronomique pour le développement.
3. www.inra.fr/l_institut/organisation/l_ethique/comite_d_ethique.

Internet ou la machine à vapeur avaient-ils « analysé et prévu » l'impact de ces innovations sur le mode de vie des habitants de la planète ? Est-ce simplement possible ? J'en doute. Or, pour le comité d'éthique de l'Inra, si l'on peut progresser, ce ne doit pas être dans l'inconnu, puisqu'il faut *analyser et prévoir* l'impact des innovations, tout en assurant, ce qui n'est pas le plus facile, un *partage équitable* des bénéfices que le progrès pourrait apporter. Où ? En France, dans le monde ? Non seulement ces prétentions prospectives sont déplacées, mais cela semble être aussi le cas du souci d'équité. C'est en effet un curieux changement d'ordre que celui d'une institution de recherche qui se préoccupe prioritairement d'un domaine où elle n'a ni prise ni légitimité : celui du « partage équitable » !

Que les chercheurs le fassent, certes, ils sont aussi citoyens et il y a des partis politiques pour cela, mais une institution de recherche ne semble pas avoir cette légitimité ! Non seulement on est loin de l'enthousiasme de Pasteur et de ses collaborateurs, mais ces déclarations de bonnes intentions déplacées sont aussi déraisonnables : qui peut prétendre être capable *a priori* de savoir analyser et prévoir tout l'impact d'une innovation ? On peut d'ailleurs douter que ce type d'analyse soit réalisée par les chercheurs de l'Inra car ils n'en ont pas la légitimité, à supposer qu'ils en aient les compétences.

Pourquoi cet orgueil ? Qui peut penser que l'on peut toujours prévoir ? Bien entendu, le PS n'est en rien responsable de ce qu'écrit ce comité d'éthique sous un gouvernement de droite, mais l'on peut comprendre que les politiques aient du mal à croire au progrès si les chercheurs s'en méfient et de surcroît empiètent sur leur terrain. Ils devraient chercher le « vrai », or ils s'intéressent au « juste » et à l'« équitable ». Nous verrons plus loin que c'est un chassé-croisé car les politiques tentent au même moment de s'attribuer une légitimité scientifique et contribuent, en étant cette fois directement responsables, à la confusion des rôles.

En mars 2013, le CNRS annonce la création d'une mission « science citoyenne » et en confie la responsabilité à Marc Lipinski, biologiste, mais aussi et surtout conseiller régional Europe-Écologie-Les-Verts et ancien vice-président de la région Île-de-France. Pour se faire une idée des études financées par la région Île-de-France dans le cadre du « partenariat institutions-citoyens pour la recherche et l'innovation » et dont Marc Lipinski veut s'inspirer, ils ont financé la fondation Nicolas-Hulot pour une étude sur « le pain bio dans l'assiette », SOS racisme pour « la lutte contre les discriminations en Île-de-France » ou encore le réseau Semences paysannes pour l'étude intitulée : « Un pain bio de qualité ». Comme le souligne l'Afis[1], « Nous sommes bien dans le pur financement d'activités politiques militantes souvent très éloignées d'enjeux scientifiques quelconques. C'est en quelque sorte l'inverse du Téléthon : au lieu de

1. Afis, *« Science citoyenne » : une version postmoderne de la « science prolétarienne » s'introduit au CNRS*, communiqué du 13 mars 2013 ; www.pseudo-sciences.org/spip.php?article2081.

voir un militantisme “citoyen” soutenir l’effort scientifique, on impose à la science de soutenir un effort politique ».

Enfant d’un autre monde

Mais, revenons un instant quelques décennies en arrière. Pourquoi un Français de Bretagne, né dans la première moitié du XXe siècle, élevé pendant treize ans dans une institution religieuse, très religieuse (c’était un ancien « petit séminaire[1] »), se fait encore le chantre du progrès ? Ne lui a-t-on rien dit d’Hiroshima, de Bhopal, de Tchernobyl ? Ignore-t-il les ravages de l’amiante, de la pollution atmosphérique, du sang contaminé, de la vache folle et des autres catastrophes ? Quelle naïveté ! Le lecteur en jugera. Mais, en attendant, la raison de son enthousiasme pour le progrès est simple : il en a mesuré les immenses bénéfices. Quant aux précautions françaises de l’Inra ou d’ailleurs, il ne croit pas, en

1. Il s’agit du collège Saint-Joseph à Lannion, collège où avait été élevé Ernest Renan quand ce collège était encore à Tréguier et dont ce grand écrivain était, au dire du supérieur, « le plus célèbre anticlérical qui soit sorti de notre maison ». Il y en eut d’autres, moins fameux. Les raisons ne manquaient pas. Les internes assistaient chaque matin, à jeun, à la messe. Les externes impies avaient pour eux une messe de rattrapage le jeudi. Internes, comme externes devaient chaque semaine se confesser. C’est ainsi que, plus jeune que je ne l’aurais dû, j’ai appris un jour ce qu’étaient les si longtemps mystérieuses et ignorées « pensées impures ». Surtout, une telle éducation permet de mesurer empiriquement la distance entre la parole et les actes. Mais, rendons-leur grâce, s’ils ne nous ont pas transmis à tous leurs convictions religieuses, ils nous ont transmis leur exigence et leur savoir.

dehors des manquements flagrants à l'éthique, qu'il soit possible d'empêcher les êtres humains d'assouvir leur curiosité. Si l'on ne veut pas qu'ils jouent à ce jeu-là en France, il y a d'autres terrains où ils sont bien accueillis. Sans bruit, nos jeunes talents partent.

Il est difficile de faire comprendre à nos enfants et petits-enfants ce que fut la France des années 1940. Pendant la guerre tous avaient eu faim et le rationnement alimentaire s'était d'ailleurs prolongé jusqu'en 1953. Ainsi, l'un de mes tout premiers souvenirs, je devais avoir quatre ans, est l'image de ma mère en pleurs car elle avait égaré ses tickets de pain. Ayant eu faim, tous les urbains, quand ils le pouvaient, étaient remontés à la source de l'alimentation, c'est-à-dire aux fermes. Elles étaient étroitement surveillées par l'occupant et Vichy, mais on trouvait un poulet ici, une motte de beurre là et l'on célébrait ces trouvailles qui avaient aussi le goût de l'interdit.

À l'époque, 40 % de la population active française était agricole. Autrement dit : un ménage d'agriculteur nourrissait, outre lui-même, à peine un autre ménage et demi de non-agriculteurs, aujourd'hui c'est plus de un pour trente. Donc, en à peine soixante-dix ans, un tiers des Français actifs a pu choisir une autre occupation que celle qu'offre la terre et cela grâce aux incroyables gains de productivité de l'agriculture. Cette révolution fut permise, pour l'essentiel, par le machinisme, la sélection génétique et la chimie des engrais et des pesticides. Un pourcentage considérable de la population s'est donc libéré des très lourdes contraintes de l'agriculture en général et de l'élevage en particulier. Les urbains n'en sont pas conscients, pourtant, quand ils sortent aujourd'hui du bureau, ils ne doivent pas courir pour aller traire les vaches. Il ne faut avoir aucune idée de cette contrainte pour ne pas s'en sentir soulagé et libéré, ne serait-ce qu'un instant de raison.

Connaissant, et pour cause, le monde agricole, nos parents le respectaient. Aujourd'hui, l'ignorance règne et s'accompagne de mépris, voire de contresens parfois savoureux. Quand les enfants visitent une ferme, outre le fait qu'ils découvrent la réalité des odeurs animales – comme ils disent : « Ça pue » – leur maîtresse les regroupe pour bien leur montrer que les jeunes poussins sont, les pauvres bêtes, élevés sans leur maman ! C'est vrai et c'est terrible pour ces animaux qui ont cependant eu la chance de passer l'étape de l'omelette ou de l'œuf à la coque ! Quant aux odeurs de ces fermes, je ne sais pas quand le tas de fumier qui trônait, si j'ose dire, comme un emblème au milieu de la cour, s'est éloigné de l'habitation principale, mais c'est il y a moins d'un quart de siècle.

Pour mesurer le chemin parcouru et regarder le passé à l'époque des grandes surfaces et des commandes sur Internet, rappelons qu'il y a soixante ans, en Bretagne, outre le pain et le beurre salé, la nourriture de base se limitait au cidre, au café, au lait écrémé, aux pommes de terre et au lard avec, une fois par semaine, des crêpes de blé noir. On tuait le cochon deux ou trois fois par an, mangeait des fruits en saison et les oranges étaient des produits de luxe, réservés à Noël. Les chaussettes et les draps étaient reprisés ; quant au linge il était bouilli dans de grandes lessiveuses ou lavé au lavoir, haut lieu de sociabilité des femmes du village ! Le seul chauffage de la maison était celui de la cuisinière, voire celui d'un poêle et de la cheminée. Il n'y avait pas toujours d'eau courante et certaines exploitations utilisaient encore le cheval de labour, attelé à la carriole les jours de marché. Enfin, si l'assurance maladie pour les agriculteurs était devenue « élective » dès 1949, elle ne sera obligatoire pour tous les actifs du monde agricole qu'en 1972. Si tous pouvaient en principe s'y inscrire, beaucoup ne le faisaient pas, faute d'argent. Comme tous mes contemporains, j'ai vu ce qu'était la vraie pauvreté, d'où, je pense, mon engagement pour défendre la solidarité dont le laxisme ne saurait être un synonyme.

Quant à être « durable », nous l'étions. On retournait les bouteilles de verre et les pots de yaourt consignés en magasin. On lavait les couches des bébés. Faute d'ascenseur, on montait les escaliers à pied. Pas encore intoxiqués par les médias et la peur des crimes sexuels, les enfants allaient seuls à l'école en vélo ou à pied. On ne jetait pas les rasoirs, mais on en changeait la lame. Il y avait des garde-manger et pas de réfrigérateur… mais il est vrai, nous n'étions pas écolos et, inconscients, nous n'avions pas le sentiment de gâcher les ressources des générations futures.

Bien entendu, il n'en allait pas différemment dans les autres parties de la France. Quand je demande, au cours de mes conférences, aux personnes de plus de soixante ans de lever la main pour savoir si elles ont été élevés chez elles sans chauffage central, les moins de trente ans sont surpris de constater que, quel que soit le milieu professionnel, plus des deux tiers des bras se lèvent. Oui, peu de chauffage, pas de climatisation, pas d'Internet, pas de téléphone portable, pas de nourriture variée et à profusion dans les hyper- ou supermarchés. Le progrès, car il faut bien utiliser ce terme, est donc tangible pour les hommes et femmes de ma génération quand ils n'ont pas encore perdu la mémoire. En outre, et c'est l'essentiel, durant cette même période, l'espérance de vie à la naissance s'est accrue de vingt-deux années et, de surcroît, la dépendance moyenne en fin de vie s'est abaissée d'environ trois mois ; donc, non seulement la fin de vie arrive beaucoup plus tard, mais les années gagnées sont de longues et bonnes années.

L'improbable chance d'être vivant

Ce progrès a aussi permis à des hommes de naître et de vivre. Mais si l'on se voit tous un jour mourir, au moins en imagination, on se surprend plus rarement à vivre ; pourtant rien n'est plus improbable. Si l'on remonte aux premiers êtres vivants sur Terre, le taux de survie d'une génération à l'autre se situait il y a trois milliards et demi d'années entre un pour mille et un pour dix mille par génération. Si l'on multiplie donc cette infime probabilité de survie, génération après génération, sur trente-cinq centaines de millions d'années, la présence sur notre planète d'un être vivant donné (vous, moi), aujourd'hui, est très, très improbable même si les taux de survie entre générations se sont progressivement améliorés au cours des temps. Non seulement nous sommes en vie, mais nous avons de fortes chances de connaître notre descendance. Là encore c'est exceptionnel.

En effet, un raisonnement aussi simpliste qu'essentiel conduit à remarquer que, si un enfant meurt en bas âge, il n'a pas de descendance ; oui, tous nos ancêtres ont atteint l'âge de la puberté. Donc, comme l'on meurt de moins en moins en bas âge et pratiquement plus du tout dans les pays développés, les sept milliards d'êtres humains qui vivent aujourd'hui pourront, pour la très grande majorité d'entre eux, s'ils le souhaitent, avoir une descendance.

Aussi, me mettant à la place de chacun des autres, je considère qu'il est difficilement défendable de prétendre que l'on est « trop » nombreux sur Terre, même si l'on montre par des raisonnements discutables qu'au rythme actuel de la consommation des ressources, dites « renouvelables », de la planète, il y aurait déjà besoin de deux planètes pour que le mode de vie actuel soit « durable ». Les hommes, la vie, sont essentiels, mais la planète existait avant les humains et elle continuera de tourner après eux autour d'une étoile, elle-même perdue dans une galaxie pas si grande que cela. Je ne puis qu'affirmer qu'il n'y a personne en trop, ne voulant pas être classé, même un instant de raison, dans cette catégorie. Il n'y a donc pas de « surpopulation », d'autant que la Terre peut nourrir, avec les techniques actuelles, plus de quinze milliards d'êtres humains. La science et la technique ne sont pas à l'origine de la faim dans le monde, au contraire : en elles réside l'espoir tangible de la fin de la faim. Le nombre de personnes affamées baisse en valeur absolue et relative, alors que la population mondiale s'accroît. Entre 1990 et 2010, un milliard d'êtres humains sont sortis de la pauvreté. Un autre milliard pourrait le faire d'ici à 2030, si la croissance dans les pays pauvres continuait au rythme actuel et si… la minuscule « élite » de ces pays ne la confisquait pas à son seul profit. Des conditions à peine plus favorables en termes de croissance et de réduction des inégalités pourraient même permettre de descendre ce nombre à moins de deux cents millions d'êtres humains pour une population planétaire qui dépassera alors le chiffre de huit milliards[1].

Alors que le progrès sanitaire et matériel est aussi visible et évident, notamment dans les pays où règne la paix et où s'organise la solidarité, comment se fait-il qu'on en fasse le procès ? La foi dans le progrès chancelle. Imaginent-ils un instant ce que pouvait être la douleur de Louis XIV, opéré d'une fistule anale sans anesthésie et sans antibiotique ? Pour en avoir une petite idée, je propose pour bien se réveiller

1. *The Economist*, « Toward the end of poverty », 1er juin 2013, p. 11.

un rendez-vous aussi journalier que matinal chez un dentiste à court d'anesthésiant !

La croissance de la population mondiale et son urbanisation requièrent de chercher un nouvel équilibre entre les hommes et la nature. Il y a peu encore, les hommes ne faisaient que subir ses caprices ; aujourd'hui, il arrive qu'ils la transforment et que, ce faisant, ils la détruisent, parfois de manière irréversible. Mais c'est l'esprit de lucre, le capitalisme débridé et non pas bienfaisant, la volonté de puissance des nations et les guerres tribales qui sont les causes de ces drames.

Pour ce nouvel équilibre, notre civilisation doit apprendre à composer avec le savoir scientifique. Or la France le récuse parce qu'elle ne fait qu'un bloc des découvertes et de leurs applications. Certaines sont étonnantes : qui, par exemple, pouvait imaginer il y a un demi-siècle que l'on pourrait stocker le savoir humain sur des brins d'ADN ? Oui, tout, même un poème de Verlaine ou une pièce de Racine ! D'autres découvertes bousculent les plus profonds des tabous ; ainsi, aujourd'hui, les progrès de la génétique permettraient à deux femmes d'avoir un enfant. Cet enfant sera bien « leur » enfant à toutes les deux, comme celui né d'un homme et d'une femme depuis que le monde est monde. Qui les en empêchera ? Ce n'est certainement pas la confusion entre le savoir et ses applications, entre la science et la loi, entre le vrai et le juste qui marquent les débats franco-français sur ces sujets.

2

Les scientifiques : une tribu pacifiée par l'expérience

Comment une méthode et des chiffres parviennent à bouleverser des croyances et à transformer le monde

Mais d'où vient le progrès ?

La fin du Moyen Âge fut marquée par un événement essentiel, infiniment plus important que ne le furent toutes les batailles et tous les princes de l'époque. Un jour, un « chanoine craintif[1] », Copernic, a cru en ses chiffres et, plus tard, suivi par des millions d'autres, a bouleversé le monde. De cette révolution copernicienne, on mesure mal l'ampleur. Son auteur la devinait et fut prudent : il ne voulait pas que l'on publiât ses travaux de son vivant, malgré l'insistance des sommités de l'époque, y compris celles de l'Église. Il en redoutait la critique ; elle sera violente et viendra plus tard, pas pour lui, mais pour Galilée.

1. Arthur Koestler, *Les Somnambules*, Calmann-Lévy, 1960, Le Livre de Poche n° 2200.

Première victoire de l'observation sur les croyances

En quoi, le fait de croire en ses observations peut-il être aussi extraordinaire, alors qu'il se contenta de démontrer que, parmi toutes les hypothèses formulées à l'époque, la seule compatible avec son étude minutieuse de la trajectoire de la planète Mars était que la Terre, comme les cinq autres planètes du Soleil connues à l'époque[1], tournaient autour d'elles-mêmes et toutes autour du Soleil ? Certes, Copernic ne trouva qu'une partie des caractéristiques du système solaire, il resta notamment empêtré dans la conception ptolémaïque des épicycles[2], mais ses idées apportaient de profondes et convaincantes simplifications. En plaçant le centre de l'Univers à côté du Soleil, il permettait de comprendre pourquoi, vues de la Terre, certaines planètes donnaient l'impression d'avancer dans le ciel puis, après un bref temps d'arrêt, de faire marche arrière. La cosmologie héliocentrique naissait.

---

1. Mars, Mercure, Jupiter, Vénus, Saturne, d'où mardi, mercredi, jeudi, vendredi et samedi. Dimanche étant le jour du soleil et lundi celui de la lune.

2. C'est une notion essentielle dans le système astronomique de Ptolémée. Il s'agit d'un cercle dont le centre décrit à son tour un cercle qui peut lui-même décrire un cercle et cela jusqu'à des dizaines de cercles. Sur ces cercles se déplacent les objets célestes à un mouvement circulaire uniforme. Cela permettait aux astronomes, à la suite de calculs fort complexes, de prévoir la trajectoire de la Lune, du Soleil et des planètes. C'était très compliqué, notamment pour les planètes, c'était également faux, mais… ça marchait assez bien.

Il faudra attendre Kepler pour imaginer qu'une force physique pousse les planètes sur leurs orbites, Galilée pour placer le Soleil au centre du système solaire et Newton pour concevoir la nature de la force qui maintient les planètes sur leurs orbites. Cela fut long, lent et douloureux. Il a toujours été difficile d'échapper aux « évidences » antérieures, surtout quand elles sont aussi centrales et communément partagées. Pendant des millénaires, le bon sens fut aussi faux que géocentrique, il est donc toujours et encore conseillé de s'en méfier, parfois !

La démarche de Copernic mérite le qualificatif de révolutionnaire parce qu'il se sentit contraint de remettre en cause l'opinion des anciens et la cohérence du système géocentrique, puisque ses observations étaient incompatibles avec ce que prétendait le modèle dominant. Sa longue étude de la trajectoire de Mars lui donnait suffisamment confiance pour qu'elle prime et lui permette de contester la manière de voir le monde de son époque. Il a puisé dans la qualité de ses observations l'audace de prétendre que la théorie acceptée par tous était fausse ! Il est aisé d'imaginer que ce n'était pas une mince affaire. Là est le premier aspect de sa révolution : il a cru en ses observations.

Tout n'est pas religieux

Le second, tout aussi essentiel, fut de considérer *de facto* que tout n'était pas religieux. S'il reconnaissait l'ordre religieux, rappelons encore qu'il était chanoine et qu'il n'était pas défroqué, il donnait à l'ordre de la connaissance une légitimité spécifique. En la matière, il ne s'agissait pas de Dieu, ou de préceptes moraux, mais du fonctionnement de la nature que Dieu pouvait avoir créée, mais cela ne suffisait pas à offrir aux religieux une supériorité dans ces savoirs qui leur étaient étrangers. Religion et astronomie étaient d'ordres différents.

La Fontaine aura aussi compris qu'il fallait séparer la science des pratiques magiques et distinguer astronomie et astrologie. Il écrivit pour le montrer une fable[1] aussi merveilleuse que peu connue. Elle critique avec virulence les astrologues et affirme, pour la paraphraser, qu'au livre du destin, les mortels ne peuvent pas lire. La Fontaine lutte ainsi contre l'un des puissants fondements de la pensée magique : la croyance que notre destin serait écrit dans un quelconque signe du zodiaque. Aujourd'hui, nous dirions que l'astrologie est une pseudoscience : elle en a l'apparence mais pas la rigueur expérimentale et conceptuelle.

Mais, voici la démonstration limpide du fabuliste, à rappeler à tous les journaux féminins et aux autres amateurs des horoscopes du XXIe siècle.

Le firmament se meut ; les astres font leur cours,
Le soleil nous luit tous les jours,
Tous les jours sa clarté succède à l'ombre noire,
Sans que nous en puissions autre chose inférer
Que la nécessité de luire et d'éclairer,

1. Jean de La Fontaine, *L'astrologue qui se laisse tomber dans un puits.*

D'amener les saisons, de mûrir les semences,
De verser sur les corps certaines influences.
Du reste, en quoi répond au sort toujours divers
Ce train toujours égal dont marche l'univers ?

Le sort des hommes, voire leur salut, et la marche de l'univers ne se « répondent » donc pas, et pour cause : ils sont d'une autre nature. Élémentaire ? Pas vraiment, semble-t-il, car ceux qui se précipitent sur la lecture de leur horoscope ne sélectionnent que les faits qui confirment leurs stéréotypes. Cela fonctionne parfois car, comme le remarquait déjà Cicéron : « Les haruspices ne sont pas malchanceux au point que jamais n'arrive par hasard l'événement qu'ils avaient annoncé[1]. »

Encore aujourd'hui, au XXIe siècle, il est dangereux de défendre la nécessité de séparer les ordres. Dans certains pays, des hommes et des femmes sont exilés, emprisonnés, torturés et meurent pour oser prétendre que tout n'est pas religieux. Ainsi, en 2013, en Tunisie, des étudiants remettent en cause l'impossibilité pour la vitesse de la lumière de dépasser 300 000 km/s. Cette base de la physique contemporaine a été à d'infinies reprises empiriquement vérifiée. Pourtant, ces jeunes croyants estiment que, comme la lumière est un signe de la puissance divine, elle ne peut être qu'infinie. « Pour eux, la science, c'est le doute, et le doute, c'est l'ennemi

1. Cicéron, *De la divination*, livre II, chapitre XXIX.

de la foi… d'autant que le principe de causalité est explicitement récusé par les imams[1]. » On comprend rétrospectivement les craintes du chanoine polonais et l'importance cruciale de cette séparation des ordres pour laquelle il est plus que jamais indispensable de se battre.

Pascal s'y frotta aussi à l'occasion de ses expériences sur « le vide – L'équilibre des liqueurs et la pesanteur de l'air[2] ». Il fut critiqué par une sommité de l'époque, un certain père Noël – cela ne s'invente pas – qui niait la notion de vide car, pour ce dominicain, le vide ne pouvait être que la négation de l'existence de Dieu ; remarquons que l'argument est le même que celui utilisé par les jeunes Tunisiens. Einstein lui-même, quand on lui présenta le principe d'incertitude d'Heisenberg, déclara : « Dieu ne joue pas aux dés », ce à quoi Niels Bohr[3] lui répondit : « Einstein, cessez de dire à Dieu ce qu'il doit faire ! »

Pour expliquer un phénomène, quel qu'il soit, l'un des principes de la méthode scientifique est de se limiter aux causes de même nature que les effets, autrement dit, de traiter, par exemple, des phénomènes physiques par des facteurs physiques. Si donc, il est fait appel à un principe d'ordre supérieur, il serait vain de prétendre qu'on demeure encore dans le domaine de la raison. Ainsi, il serait illusoire de

1. Fauzia Fraida Charfi, *La Science voilée*, Odile Jacob, 2013.
2. Pascal, *Œuvres complètes*, Seuil, 1988.
3. Niels Bohr, physicien danois, prix Nobel de physique en 1922. Il a contribué à l'édification de la mécanique quantique.

débattre de la théorie de l'évolution avec un créationniste car il invoque l'action de Dieu à une étape de ses explications. Les biologistes non seulement se l'interdisent, mais, comme Laplace, « ils n'ont pas eu besoin de cette hypothèse[1] ».

Il n'a jamais été facile, quand on essaye de comprendre le monde, d'éviter d'invoquer Dieu. Pour cela, il faut encore et toujours séparer les ordres[2], y compris dans le domaine des sciences sociales. Pascal était, de ce point de vue-là aussi, déjà doublement révolutionnaire : il l'était comme scientifique et comme philosophe. Dans son très beau texte sur l'éducation[3], il rappelle à son élève, un jeune duc, qu'il ne tient pas ses richesses par quelques lois naturelles. Il lui précise : « Il n'est pas nécessaire, parce que vous êtes duc, que je vous estime ; mais il est nécessaire que je vous salue [...]. Si vous étiez duc sans être honnête homme, je vous ferais encore justice car, en vous rendant les devoirs extérieurs que l'ordre des hommes a attachés à votre naissance, je ne manquerais pas d'avoir pour vous le mépris intérieur que mériterait la bassesse de votre esprit. »

Le « capital social », comme dira Bourdieu cinq siècles plus tard, ne suffit pas à faire un homme respectable. Le temps a passé, la confusion des ordres

1. On prête cette phrase à Laplace en réponse à un commentaire de Napoléon : « Votre travail est excellent mais il n'y a *pas* de trace de *Dieu* dans votre ouvrage. – Sire, *je n'ai pas* eu *besoin de cette hypothèse.* »

2. Pour la séparation des ordres, lire André Comte-Sponville, *Le capitalisme est-il moral ?* Albin Michel, 2012.

3. *Trois discours sur la condition des grands*, *Œuvres complètes*, *op. cit.*, p. 366.

règne de nouveau, aussi revenons quelques instants au Moyen Âge, car nous semblons y retourner.

Dans *Le Nom de la rose*[1], la raison de la venue du moine et de son jeune novice dans le couvent, lieu de l'action du roman puis du film qui en sera tiré, était de tenter de trancher une controverse entre les franciscains et l'autorité pontificale au sujet de la pauvreté du Christ. Elle consistait à se demander si le Christ, qui prêchait le détachement des biens de ce monde, était ou non propriétaire de ses habits. De même, selon Arthur Koestler[2], saint Thomas d'Aquin examinera fort sérieusement le problème suivant. « Si un cannibale et tous ses ancêtres ont vécu de chair humaine, de sorte que les parties de son corps appartiennent toutes une à une à des propriétaires différents qui viendront le réclamer le jour de la résurrection, comment ce cannibale se lèvera-t-il le jour du jugement ? » Ou encore : la question bien connue du sexe des anges, le fait de savoir si le premier homme avait un nombril et combien d'anges pouvaient tenir sur une tête d'épingles ? Problèmes dont il serait malséant de sourire, mais pour lesquels on peut aisément constater qu'il n'existe pas de preuve expérimentale, mais des raisonnements sophistiques plus ou moins convaincants. Il n'y a pas d'expérience possible et pas moyen de trancher, autrement que par des sophismes.

1. Umberto Eco, *Le Nom de la rose*, Grasset, 1982.
2. *Les Somnambules*, *op. cit.*, p. 118.

Une méthode pacifique pour résoudre des conflits

Le fait d'avoir un moyen empirique de trancher les controverses ne veut pas dire que le consensus règne dans le monde de la recherche. Il arrive que les scientifiques soient aussi profondément en désaccord que les Pères de l'Église. Il suffit pour s'en convaincre de se rappeler l'actuel débat sur l'origine du réchauffement climatique. Toutefois, les scientifiques ont une manière bien à eux de trancher leurs disputes. Quand les hypothèses diffèrent, et quand ils le peuvent, ils font des expériences qui tentent, non pas de démontrer que ces hypothèses sont vraies, mais qu'elles sont fausses. C'est la conformité entre l'hypothèse et les résultats qui tranchent, pas la seule vraisemblance de la démonstration.

Karl Popper[1] a en effet considéré qu'un propos était scientifique s'il était réfutable, autrement dit s'il permettait de faire une prédiction dont on pourrait démontrer qu'elle était éventuellement fausse et, dans ce cas, il convenait de l'abandonner. Le fait que cela soit faux suffit, en principe ! « Les scientifiques laissent leurs hypothèses mourir à leur place », disait-il. Une hypothèse n'est jamais un dogme, mais une manière abstraite de voir le monde dont le scientifique va chercher à savoir si elle « marche ». Si elle est fausse, ne serait-ce que dans un cas, cela suffit à

1. Karl Popper, *La Logique de la découverte scientifique*, Payot, 2007.

la rejeter, d'où l'importance de la réfutation. Il suffit de trouver un cygne noir pour que l'assertion : « Tous les cygnes sont blancs » soit inexacte.

En outre, si l'on affirme, hypothèse stupide, que le port de lunettes rend sourd, on va pour la tester comparer l'audition sur plusieurs années des porteurs de lunettes et des non-porteurs de lunettes, après avoir sélectionné deux populations identiques selon l'âge, le sexe, le milieu social… Vraisemblablement, une telle étude permettra de conclure que, aujourd'hui, cette hypothèse n'est pas vérifiée car, à l'évidence, de nombreux porteurs de lunettes continuent de vivre avec une bonne oreille.

En revanche, si je prétendais que le port de lunettes était dangereux pour la santé, ce propos ne serait pas scientifique. En effet, il n'est pas possible de démontrer qu'il est faux. Certes, après avoir tenté de prouver que les lunettes ne rendaient pas sourd, il faudrait montrer qu'elles ne rendent pas impuissant, qu'elles ne font pas pousser des boutons sur l'orteil gauche et… cela à l'infini. Il n'est donc pas possible de démontrer que les lunettes ne seront *jamais* dangereuses pour la santé, ni plus ni moins donc que les OGM[1] ou les antennes relais des téléphones portables, même si l'on a beaucoup de raisons, comme pour les lunettes, de penser que ce ne sera vraisemblablement pas le cas.

En exigeant des preuves logiquement impossibles, nos contemporains se comportent comme les moines

1. Il faut notamment étudier les OGM un par un et tester un effet spécifique plausible.

de la Grande Inquisition qui, après avoir accusé une victime, lui demandaient de démontrer qu'elle était innocente, tâche impossible et, pour les intéressés d'alors, souvent fatale. Au Moyen Âge, on appelait cela la « preuve diabolique », elle demeure toujours aussi diabolique, nous verrons qu'elle est aussi coûteuse et pas seulement en vies humaines.

L'exigence scientifique

Les scientifiques sont donc souvent en désaccord mais, comportements singuliers, ils se parlent et publient dans les mêmes revues : les revues scientifiques à comité de lecture. Elles ne sont donc ni les comptes rendus des débats de l'Assemblée nationale, ni ceux du Sénat. Pour qu'un phénomène « important » – au sens où il remet en cause un phénomène bien établi – soit accepté comme provisoirement « vrai » par la communauté scientifique, il ne suffit pas d'une étude, fût-elle irréprochable, il faut plusieurs expériences et, je souligne, une explication théorique du phénomène constaté. Une expérience avec quelques rats ou souris ne suffit jamais.

Les scientifiques constituent donc une tribu particulière, bien différente de celle des religieux et de quelques autres groupes sociaux. Les religieux, quand ils sont en désaccord, n'ayant aucun moyen – sauf rhétorique – de trancher leurs controverses, se séparent, créent de nouveaux instruments de propagande et, faute d'arguments, se battent encore et toujours. Les guerres de religion et autres djihad en témoignent. « Tuez-les tous, Dieu reconnaîtra les siens ! »

Depuis Copernic et Pascal la tribu des scientifiques s'est agrandie, enrichie et diversifiée. Des disciplines nouvelles sont apparues, avec leurs concepts et leurs outils, mais aussi de nouvelles manières de voir la science.

Thomas Kuhn l'inventeur de la notion de *paradigme*[1], montrera que les disciplines ne sont pas aussi désincarnées qu'on pouvait encore le prétendre jusqu'au début du XXe siècle. Il souligne que la démarche scientifique ne peut pas non plus se passer d'*a priori*. Les « paradigmes », qui englobent concepts, méthodes, manières de voir le monde, sont le cœur de toute discipline scientifique.

En outre, contrairement à ce qu'on apprenait il y a un demi-siècle en France, l'évolution des disciplines n'est pas toujours linéaire, elles progressent par des révolutions successives, d'où le titre du livre le plus connu de Kuhn : *La Structure des révolutions scientifiques*[2]. De nombreux sociologues et philosophes des sciences l'opposent à Popper, je pense qu'il le complète, car si les fondements d'un paradigme ont une part d'arbitraire pour ce qui est de la science « normale », celle de la très grande majorité des chercheurs d'une discipline donnée, la recherche de

1. Manière de voir le monde qui repose sur une base disciplinaire ou un courant de pensée.

2. Flammarion, coll. « Champs », 1983 [1962].

la réfutation est le principe de base de tout travail scientifique.

François Jacob[1] choisira de s'intéresser à la biologie pour montrer à son tour la nature des discontinuités historiques et épistémologiques de ces disciplines scientifiques. Il n'y a pas « une » science, mais, pour la seule biologie, des constellations de paradigmes. Certes, ils ne sont pas isolés car, le moment venu, ils tissent des pseudopodes les uns vers les autres pour former sinon un système, du moins un enchevêtrement scientifico-technique. Des disciplines d'un domaine de la physique peuvent ainsi avoir des conséquences majeures sur la biologie. La technique de l'un est toujours la science de l'autre. Ainsi, les révolutions successives en optique (microscope électronique, laser) ont transformé la biologie, car ces découvertes offraient, au sens propre, de nouvelles manières de voir la nature. De même, les connaissances en physique (rayons X, ultrasons, résonance magnétique) ont bouleversé l'imagerie médicale... Aujourd'hui, il semble que le *primum movens* de toutes les sciences soit l'informatique et, pour me limiter à quelques exemples, la croissance exponentielle des capacités de calcul révolutionne la compréhension du génome, la recherche pharmaceutique, la fabrication de films, la téléphonie et demain – par l'analyse des réseaux sociaux – les sciences sociales, mais aussi l'éthique.

1. François Jacob, *La Logique du vivant*, Gallimard, 1970.

L'apport essentiel de François Jacob aura été de montrer qu'il y a plusieurs « logiques » du vivant, même si ces logiques s'emboîtent, elles ne sont pas réductibles les unes aux autres. Nous sommes des êtres chimiques[1], physiques, biologiques, sociaux. Chaque logique a sa langue, son (ou ses) paradigme(s), et leurs points de vue sont irréductibles les uns aux autres. Il y a donc aussi différents ordres dans la science.

Toutefois, et c'est moi qui souligne, les scientifiques ont un principe fondamental : pour assouvir leur curiosité, ils étudient en détail le travail des autres (bibliographie), essayent de montrer les limites des recherches des collègues, dupliquent leurs expériences, mais quand les découvertes « tiennent », la compréhension du phénomène progresse et la discipline avance. En procès permanent, les scientifiques ont trouvé un moyen non juridique et pacifique de traiter de leurs divergences d'opinions.

Il ne s'agissait pas ici, en quelques pages, de traiter toute l'histoire et toute la philosophie des sciences, mais ces rappels sont essentiels pour comprendre les débats, déviances et « affaires » actuelles. Dans l'affaire du sang contaminé, pour se limiter à ce stade à un seul exemple, on a cherché et trouvé des coupables. Or, à l'époque, le problème central était pourtant épistémologique : on croyait en effet que les personnes qui réagissaient de manière posi-

1. La crainte contemporaine de tout ce qui est chimique est donc assez paradoxale, que serions-nous sans chimie ? Car l'air, les roches, l'eau, l'acier sont aussi « chimiques » !

tive au test de la présence du virus de sida étaient immunisées. Elles ne l'étaient pas. S'il y a eu une « affaire » en France et pas aux États-Unis, alors que les Américains n'ont généralisé le test du virus du sida à l'occasion des dons de sang que dix-huit mois après notre pays, c'est qu'en France l'État joue un rôle central et se prétend, comme au Japon, protecteur[1]. On a cherché des coupables mais pas à comprendre une erreur épistémologique, il est vrai aux lourdes conséquences humaines. Il eût été souhaitable que de prestigieux savants reconnussent qu'ils s'étaient trompés ! Nous payons encore le prix de leur silence.

Certes, il y eut et il y aura des erreurs, mais nul ne doute que la tribu des scientifiques a transformé le monde et les hommes qui vivent sur Terre aujourd'hui. La science est un enjeu social, politique et économique majeur. La science n'est pas hors du temps, mais nous allons voir les drames causés quand elle sort de son ordre ou quand de prétendus scientifiques trouvent un moyen d'accaparer l'opinion, ce qui n'exclut pas les dangers de la société technicienne, mais les aggrave certainement.

1. Eric Feldman and Ronald Bayer (ed.), *Blood Feuds AIDS, Blood, and the Politics of Medical Disaster*, Oxford University Press, 1999.

Science et technique ne répondent pas aux questions métaphysiques

Si la raison des hommes a transformé le monde en lui offrant des clés du fonctionnement de la nature et leur permet de l'asservir pour le mieux-être de beaucoup, il ne s'ensuit pas que ce monde nouveau, né de la technique, soit raisonnable. Ce n'est d'ailleurs pas tant la technique que l'on ne maîtrise pas : par essence on la comprend et donc on la répare, on la manipule, on la transforme ; ce sont les systèmes sociaux qui utilisent sciences et techniques qui ont acquis leur autonomie. Personne ne les maîtrise, à supposer que quelqu'un les comprenne. Les marchés financiers se sont mondialisés grâce à l'informatique et à ses applications (Internet, ordinateurs et téléphones portables...). De locaux, les systèmes techniques sont devenus nationaux, puis intercontinentaux et aujourd'hui mondiaux. La crise des marchés financiers offre chaque jour l'illustration de cette incapacité d'agir et montre les conséquences humaines – souvent dramatiques – de cette incapacité.

Comme l'indique Élie Arié[1] : « Les valeurs suprêmes des civilisations, notamment les religions, avaient toujours été des valeurs ordonnatrices. Le scientisme, en tant que croyance, fit partie, à ses débuts, de cette

1. www.marianne.net/elie-pense/sommes-nous-alienes-par-l-aleatoire_a14.html.

mégalomanie. Puis on découvrit que la science ne possède aucune valeur ordonnatrice : elle peut envoyer des hommes sur la Lune, elle ne peut pas dire comment élever un adolescent (alors que les religions, elles, non seulement vous disent comment le faire, mais vous l'ordonnent !) ; le christianisme avait formé des chrétiens, la science s'est vite aperçue qu'elle ne formait nullement des athées.

Ce qui est intéressant, c'est que cette mutation de notre imaginaire s'est produite dans une civilisation, la nôtre, qui est devenue incapable de se concevoir elle-même : une civilisation technicienne exige une méthode expérimentale, mais, pour tout ce qui échappe à la méthode, notre civilisation est devenue aléatoire ; notre époque élève efficacement une civilisation qu'elle se montre inapte à ordonner. [...] Devant l'aléatoire, ni le monde ni l'homme n'ont de sens, puisque sa définition même est l'impossibilité d'un sens : devant l'aléatoire, il n'y a pas plus d'athées que de croyants ; l'aléatoire exige un agnosticisme de l'esprit : pour lui, l'homme n'est qu'un objet d'interrogation, comme le monde l'est pour la science.

Comme la chrétienté a enfanté le chrétien, la plus puissante civilisation de tous les temps aura enfanté ce que Malraux appelle l'homme précaire – c'est-à-dire : nous ; et il conclut par cette question : « Faut-il voir dans l'homme un animal qui s'obstine à penser un monde qui, par nature, échappe à son esprit ? »

Ce vide effraie, d'où la peur de nos contemporains qui voudraient que la science et la technique cessent de se développer pour, croient-ils, revenir à un monde ancien qui n'est que mythifié. Pour beaucoup, et pas seulement les écologistes militants, l'ordre devrait être celui de la nature à laquelle il ne faudrait surtout plus toucher, oubliant que cette nature d'avant l'ère technicienne n'était ni maîtrisée ni maîtrisable ; mais alors, au moins, l'homme n'était pas responsable.

En outre, et plus profondément, comme la maîtrise rationnelle, mais partielle, de la nature pour mieux soigner, mieux nourrir, mieux chauffer, mieux transporter, mieux distraire… produit un monde nouveau et incompris, c'est la raison même qui est remise en cause.

Il ne serait plus nécessaire d'être raisonnable quand la raison ici produit de l'aléatoire là. En outre, la peur de ce monde à venir pousse à rechercher des protections. Peu importe qu'elles soient toujours aussi limitées qu'onéreuses, elles donnent l'illusion d'agir, jusqu'au prochain drame, à la prochaine catastrophe qui se produit toujours ailleurs.

3

Diesel : un danger très surestimé et une vérité manipulée en toute bonne conscience et… en toute impunité

En mars 2013, la ministre de l'Écologie, du Développement durable et de l'Énergie, Delphine Batho, déclare que les émanations des moteurs Diesel font, en France, chaque année, 42 000 morts ; quant à Cécile Duflot, la ministre de l'Égalité des territoires et du Logement, elle souligne qu'« [il] y a un réel danger, 44 000 morts précoces par an, c'est ça qui est la réalité[1] ».

Qui dit mieux ? Outre le fait que « précoce » ne veut pas dire grand-chose[2], ces chiffres sont fantaisistes pour peu que l'on ait, une fois dans sa vie, regardé les tables de mortalité et les publications scientifiques du domaine. Sur des sujets aussi graves par leurs dimensions humaines, sanitaires, industrielles, économiques et fiscales, on pouvait s'attendre

1. Pour déjà donner une idée des causes médicales de décès en France, sur environ 540 000 décès en 2011, la première cause est le cancer du poumon (26 900), puis viennent les cancers du côlon et du rectum (16 900), puis le cancer du sein (11 500).

2. S'agit-il d'une minute, d'un jour, ou de dix ans ?

à un peu de sérieux de la part des membres du gouvernement.

Il y a en France 33 800 morts (2009) de maladies de l'appareil respiratoire et 30 800 morts de tumeurs du larynx, de la trachée et du poumon. L'essentiel de ces maladies proviennent du tabac dont la consommation provoque 73 000 morts prématurés[1] par an[2]. Il cause, notamment, des maladies respiratoires, mais aussi des maladies cardiaques. Le moteur Diesel serait donc, selon ces deux ministres, presque quatre fois plus fatal que le cancer du sein (de l'ordre de 11 000 morts) et représenterait 60 % des morts prématurés par rapport à ceux dus au tabac. Si tel était le cas, il serait effectivement urgent d'agir.

La pollution atmosphérique décroît et, avec elle, ses conséquences sanitaires

Toutefois, ces chiffres imprudemment avancés sont pour le moins étonnants. En effet, en octobre 2008, l'Institut national de la santé et de

1. Par là on entend que la vie de ces personnes aurait en moyenne été plus longue si elles n'avaient pas fumé. On ne meurt pas moins ici ou là, que l'on fume ou que l'on ne fume pas, simplement les fumeurs ou les alcooliques, pour nous limiter à ces exemples, vivent en moyenne moins longtemps que les non-fumeurs ou les non-alcooliques.

2. Ce chiffre n'est pas aussi simple qu'il n'y paraît, car on ne meurt pas de tabac mais de maladies cardiaques ou de cancers du poumon. Il est donc le résultat de calculs de décès « attribuables » dans ce cas à la consommation de tabac.

la recherche médicale (Inserm) et l'Agence française de sécurité sanitaire et environnementale (Afsse) publiaient[1] une expertise collective qui donnait des grandeurs bien différentes pour l'ensemble de la pollution atmosphérique des grandes villes d'Europe et donc pas seulement de la France et des émanations des moteurs Diesel. « Certains travaux ont estimé qu'environ 1 300 et 1 900 décès par cancer du poumon pourraient être évités chaque année dans 23 villes européennes si les niveaux moyens de particules fines d'un diamètre inférieur à 2,5 micromètres (PM2,5) étaient ramenés respectivement à 20 et à 15 $\mu g/m^3$. Par ailleurs, à partir des concentrations relevées chez des individus vivant dans quatre agglomérations françaises (Paris, Grenoble, Rouen et Strasbourg), des auteurs évaluent à 10 % les cancers du poumon attribuables à l'exposition aux PM2,5[2]. » Toujours selon l'Afsse, en 2004, « la pollution atmosphérique, liée pour près d'un tiers aux rejets polluants des voitures, serait responsable chaque année de la mort de 6 500 à 9 500 personnes en France ». Du fait de leur indéniable rôle dans la pollution atmosphérique, toutes les automobiles et tous les camions seraient donc à l'origine d'environ 3 000 morts prématurés[3] en France.

1. www.inserm.fr/fr/presse/communiques/att00008157/ec_cancers_environnement_der.pdf

2. Soit donc de l'ordre de 2 700. Source : www.science.gouv.fr

3. Bien entendu, par ailleurs l'automobile tue par accident et... sauve de nombreuses vies. Il suffit d'imaginer des villes sans voiture de pompiers et sans ambulances !

À son tour, l'étude européenne ESCAPE[1] confirme la responsabilité de l'exposition aux particules en suspension dans le risque de cancer du poumon, mais, en France, dans des proportions environ vingt fois inférieures à celles du tabac. Il est donc utile de limiter les émanations de particules qu'elles proviennent ou non des moteurs Diesel même si pour ces moteurs, *stricto sensu,* il n'y a pas de chiffre qui précise leur impact spécifique car, comme toujours en biologie, les effets se cumulent. Il est déjà difficile d'estimer les chiffres globaux, mais l'effet spécifique du moteur Diesel est mineur et dépend comme nous venons de le voir, non pas du moteur en tant que tel, mais des particules qu'il émet. Nos deux ministres ne rentrent pas dans ce type de subtilité, c'est le moteur qui est condamné alors qu'il est possible de filtrer les particules et, ce faisant, de diminuer leurs effets pathogènes !

Pour donner du poids à leur propos, les ministres invoquent l'Organisation mondiale de la santé (OMS) comme source de leur estimation. Or, si l'on se reporte aux travaux de cette institution onusienne, on ne trouve aucun de ces chiffres mais deux références : la première traite de la reconnaissance par cette institution de l'effet cancérigène des émanations des moteurs Diesel, et la seconde propose une estima-

1. Dr Ole Raaschou-Nielsen P *et al.*, « Air pollution and lung cancer incidence in 17 European cohort : prospective analyses from the European Study of Cohorts for Air Pollution Effects (ESCAPE) », *The Lancet Oncology*, Early Online Publication, 10 juillet 2013.

tion de l'effet de la pollution atmosphérique intérieure et extérieure dans 1 100 villes de 91 pays. Avant de plonger dans l'étude qui a conduit à reconnaître l'effet cancérogène de l'émanation des moteurs Diesel, soulignons également qu'il aura fallu beaucoup de temps pour que les émanations des moteurs Diesel soient considérées comme cancérogènes, autrement dit : si cette reconnaissance arrive tard c'est que l'effet n'a pas été facile à mesurer tout simplement parce qu'il est faible.

Une étude particulière a donc fait pencher la balance de l'OMS et de « probablement cancérogènes » depuis 1988, les émanations des moteurs Diesel sont devenues « cancérogènes avérées » en 2012. Ils rejoignent ainsi plus de cent autres produits, « cancérogènes avérés » depuis plus longtemps. Cette étude, aux résultats discutés et d'importance mineure, si j'ose dire, n'a été qu'une fois répliquée et les résultats de cette réplication ne trouvent pas les mêmes effets et blanchissent le diesel !

Une étude qui traite du risque encouru par des mineurs respirant l'air vicié de vieux moteurs Diesel dans une atmosphère confinée

L'étude clé compare deux populations de mineurs. D'un côté, des mineurs d'un premier groupe dont la particularité est qu'ils n'ont pas été exposés aux émanations de moteurs Diesel durant leur travail dans la mine et, de l'autre, des mineurs d'un second groupe qui l'ont été du fait de l'utilisation de machines électrogènes utilisant de vieux[1] moteurs Diesel. Ces mineurs du second groupe se partageaient donc l'air de la mine avec ces moteurs, ils respiraient ainsi l'émanation des gaz d'échappement dans une atmosphère pour le moins confinée[2]. En outre, si le niveau d'exposition aux particules variait de 304 à 1005 $\mu g/m^3$, ce niveau était très supérieur à celui des villes considérées comme « polluées » (50 µg).

Quand on est, sous terre, enfermé dans un trou, on imagine volontiers qu'il vaut mieux ne pas avoir un moteur Diesel en marche à ses côtés ! Toutefois, le résultat des comparaisons entre ces deux groupes est beaucoup moins spectaculaire que ce à quoi on pouvait s'attendre. En effet, si le risque relatif d'avoir un cancer était multiplié par trois chez ceux qui étaient exposés à ces émanations par rapport à ceux qui ne l'étaient pas, cette relation statistique n'a été trouvée que chez les fumeurs. Elle devenait beaucoup plus faible chez les non-fumeurs et n'était plus que de 1,4, malgré la même et forte exposition.

---

1. Ce fait est reconnu par les auteurs de l'article qui disent : « *The exposures in DEMS are largely based on emissions from older diesel engines, rather than those from engines designed with new technology.* » « Les expositions aux émanations des moteurs Diesel dans les études des mineurs sont, pour l'essentiel, fondées sur des émissions de vieux moteurs Diesel, plutôt que des moteurs conçus avec les technologies nouvelles. »

2. « The diesel exhaust in miners study : a nested case-control study of lung cancer and diesel exhaust », Debra T. Silverman *et al.* Doi : 10.1093/jnci/djs034.

Toutefois, et cela remet en question l'importance de l'étude, **chez les mineurs-fumeurs le risque était statistiquement le même que chez les autres employés de l'entreprise, comme eux fumeurs, mais qui travaillaient exclusivement en surface** ! Autrement dit, chez les fumeurs, les particules de ces vieux moteurs n'aggravent pas leur cas. Mineurs ou pas, ce qui définit le risque de contracter un cancer du poumon ce sont les cigarettes. Un résultat identique à celui des États-Unis a été trouvé en Chine[1].

Reste donc le risque relatif des mineurs de fond et néanmoins non fumeurs. Il est, nous l'avons vu, très faible pour un risque relatif (moins de 50 %). Or l'on considère qu'il ne faut se préoccuper de risques relatifs que si plusieurs études démontrent que ce risque est supérieur à trois (300 %). En outre, et c'est important, une étude allemande du même type qui concerne cette fois des mineurs de potasse[2] ne retrouve pas les mêmes résultats. « **Cette analyse n'a pas montré qu'il y avait un lien statistique entre l'exposition aux émissions des moteurs Diesel et le risque de cancer du poumon**. En revanche, elle a démontré qu'il y avait une croissance du risque de cancer de poumon pour ceux qui avaient un passé

1. Silveman *et al.* « Response » – *JNCI J Natl Cancer Inst* (2012) 104(23) : 1847-1848 first published online October 19, 2012 doi : 10.1093/jnci/djs422.

2. Mathias Môhner *et al.*, « The Diesel Exhaust in Miners Study : A Nested Case-Control Study of Lung Cancer and Diesel Exhaust and a Cohort Mortality Study with Emphasis on Lung Cancer », *JNCI J Natl Cancer Inst* (2012) 104(23) : 1846-1847.

de mineur et tout particulièrement dans les mines d'uranium. »

La première étude laisse penser qu'il y aurait, peut-être, dans certaines circonstances, un impact des moteurs Diesel sur des mineurs non fumeurs, exposés pendant longtemps à de très fortes émissions de vieux moteurs Diesel dans une atmosphère confinée et qui, faute de filtre, leur crachent des particules. Par prudence, on pourrait donc recommander de modifier la réglementation du travail de l'industrie minière et suggérer de mettre de nouveaux moteurs à ces groupes électrogènes afin de protéger les hommes qui travaillent dans le même milieu. Mais, avec des résultats aussi spécifiques et limités, il n'y a aucune justification pour extrapoler au-delà de ces cas très particuliers et, nous l'avons déjà dit, peu significatifs.

Il ne s'agit donc ni de villes, ni d'éventuels effets de nouveaux moteurs qui règlent le problème en ne rejetant pratiquement plus de particules dans l'atmosphère. Aussi, si les conducteurs de deux (ou trois) roues ont un risque accru d'accident sur la voie publique, ils ne courent pas de risques respiratoires déraisonnables en conduisant dans Paris ou dans toute autre grande ville comparable.

Une crainte très surestimée des effets de la pollution atmosphérique en France et en Europe

L'autre document de l'Organisation mondiale de la santé concerne la pollution atmosphérique en général. L'OMS, dans son rôle, enjoint les pays à relever le défi mondial de la pollution atmosphérique. On ne peut qu'accompagner cette campagne. « Pour l'année 2008, on estime à 1,34 million le nombre de décès prématurés attribuables à la pollution atmosphérique en ville[1]. » Si les villes françaises étaient « moyennement polluées », comme nous représentons 1 % de la population mondiale ce chiffre serait d'environ 13 000 en prenant en compte toutes les pollutions possibles : cheminées d'usines, moyens de transport, chauffage domestique au bois ou au charbon, moteurs à essence et moteurs Diesel… Mais, pour peu que l'on soit allé récemment dans une grande ville d'Asie, et notamment en Chine, on a vraiment du mal à croire que les villes françaises soient « moyennement » polluées, le chiffre véritable est très inférieur.

Si ces informations erronées, non seulement ne sont pas relevées dans la presse, mais reçoivent un tel écho, c'est parce que ce n'est pas le risque réel qui compte pour elle, mais le risque perçu ; or, si

1. Organisation mondiale de la santé, *Relever le défi mondial de la pollution atmosphérique*, 26 septembre 2011.

les villes françaises sont peu polluées, les Français redoutent la pollution atmosphérique et en surestiment le risque. En effet, « (l)a pollution de l'eau (37 %), la pollution de l'air (33 %) et l'effet de serre (25 %) restent le trio de tête des préoccupations environnementales des Français, comme elles le sont depuis plus de dix ans au-delà des variations annuelles[1] ». Pourtant leur eau n'a jamais été aussi pure ; quant à la pollution de l'air, si elle est bien réelle certains jours dans les grandes villes, ce risque perçu n'est pas, loin s'en faut, le plus grand que nous courions. Il existe dans ce domaine une heureuse continuité de l'action publique depuis des décennies, aussi, depuis un siècle, jamais l'air n'a été d'aussi bonne qualité qu'aujourd'hui !

On voit alors le mécanisme utilisé pour donner un retentissement à ces chiffres aussi fantaisistes que malhonnêtes. On s'appuie sur une peur profondément ancrée, quoique peu fondée. On prend pour argent comptant les conclusions d'une étude discutable, mais suffisamment technique pour que personne ne la lise. On généralise à la France la situation de pays autrement pollués. On fait donc peur sans raison et on condamne une partie de l'industrie française.

Il se trouve en effet que notre industrie a développé ce type de moteurs pour des voitures de milieu

1. Baromètre IRSN (Institut de radioprotection et de sûreté nucléaire), « La perception des risques et de la sécurité par les Français », janvier 2012.

de gamme, certes en partie pour des raisons d'une fiscalité plus favorable pour le diesel que pour l'essence, mais aussi parce que les moteurs Diesel ont un meilleur rendement énergétique que les moteurs à essence. Ces moteurs sont très économes et rejettent donc moins de gaz carbonique (– 25 %) pour une même puissance que les moteurs à essence. En outre, ils émettent de moins en moins de particules dans l'atmosphère du fait de la qualité des nouveaux filtres. Pourquoi alors cette désinformation ? Je ne puis pas penser que tout cela ait été imaginé pour donner une justification à la croissance de la taxe sur les produits pétroliers des moteurs Diesel. Une telle manœuvre supposerait une intelligence machiavélique aussi flatteuse que peu vraisemblable. Quant aux morts supposés, comme ils ne savent pas qu'ils auraient dû passer de vie à trépas, ils vont bien.

4

OGM : la déroute de la pensée et ses conséquences scientifiques et économiques

De l'affaire Séralini à la fuite des cerveaux

Quand un hebdomadaire titre, en citant une revue scientifique[1] : « Oui, les OGM sont des poisons », la nouvelle et le média qui la véhicule me surprennent et je me dis, étonné, que le journal a vraisemblablement manqué de discernement et… de précaution.

En effet, titrer que « *les* OGM sont des poisons » n'a pas de sens pour peu que l'on ait quelques notions de génétique et de… logique. Qu'*un* OGM puisse être un poison est possible, mais le pluriel, « *les* OGM », est aussi ridicule que de laisser à penser que toutes les plantes sauvages sont vénéneuses. En effet, le ou les gène(s) copié(s) pour fabriquer une plante génétiquement modifiée varient d'un OGM à l'autre, comme varient les hôtes (maïs, vigne, soja) qui les recueillent. Aucune généralisation n'est pos-

1. Gilles-Éric Séralini *et al.*, « Long term toxicity of a Roundup herbicide and a Roundup-tolerant genetically modified maize », *Food and Chemical Toxicology,* vol. 50, n° 11, novembre 2012, p. 4221-4231.

sible ; en outre, les sélectionneurs n'ont pas pour première préoccupation de choisir exclusivement des gènes qui seraient dangereux pour la santé humaine.

En revanche, que l'OGM visé par cet article, le maïs OGM NK 603, fût éventuellement un poison ne paraissait pas impossible, seulement curieux, bizarre, car très peu probable. En effet, à supposer que cela eût été vrai – et que l'on ait été enclin à donner le bénéfice du doute à une annonce aussi tonitruante – même pour ce seul maïs testé, cette nouvelle remettrait en cause une partie de ce que l'on croyait jusque-là savoir de cette plante et de la transgenèse.

Dans toute graine de toute plante, les gènes sont le plus souvent dormants

Une plante génétiquement modifiée est une plante à laquelle on a ajouté un « gène » provenant d'une autre espèce. Ce gène, comme tous les gènes de tous les êtres vivants : lapins, chênes, tigres, orties, rats, sapins, hommes, paramécies, oursins, bégonias, algues ou ratons laveurs…, n'est qu'une suite de bases, toujours les mêmes quatre bases, pour le règne animal comme pour le règne végétal, mais arrangées différemment selon les gènes. Cette chaîne de bases s'appelle un « gène » parce que, dans certaines conditions, elle commande la fabrication d'une protéine connue. On sélectionne en effet un gène précis pour ses propriétés remarquables et, pour des raisons évidentes, *a priori* pas dangereuses pour la consommation humaine.

Par ailleurs, dans une graine – qu'elle soit de maïs, de blé ou de topinambour – comme dans un œuf fécondé, la plupart des gènes sont dormants ; aussi, quand le gène d'un bacille est importé dans du maïs pour permettre à cette plante de mieux se défendre plus tard contre tel ou tel ravageur, le gène ne s'exprime le plus souvent que si la graine est plantée, si elle germe et si la plante vient à maturité. Comme pour un concert enregistré sur un disque, la graine retient le temps.

Quand un matin, à votre petit déjeuner, vous mangez du pain complet avec un œuf, vous avez remarqué que ce matin-là vous n'avaliez ni épis de blé, ni crête de coq ou pattes de poulet. L'épi est potentiellement dans la graine, comme le poulet, sa crête et ses pattes sont potentiellement dans l'œuf fécondé, mais à l'état de graine ou d'œuf fécondé, les gènes qui conduisent à faire de la graine ou de l'œuf fécondé un être adulte sont dormants. Ils ne « s'expriment », comme l'on dit, que si la plante ou l'animal se développent à partir de la graine ou de l'œuf.

Aussi, en attachant un instant du crédit à l'annonce surprenante du magazine, la seule possibilité en était que la graine ait été elle-même modifiée par la transgenèse et que le gène ait induit dans cette graine la fabrication d'une substance toxique pour les rongeurs. Cela n'était pas impossible : les graines ne sont pas composées que d'ADN, elles contiennent aussi des glucides (amidon), des lipides et des protéines qui vont servir de réserve au début de la vie de la plante et lui permettre de germer et de se développer. Il était donc biologiquement envisageable, mais très peu probable, que ce gène ait fabriqué un sucre, un alcaloïde, un corps gras ou une protéine toxique qu'on aurait alors retrouvé dans la graine.

Mais, outre la faible probabilité pour que cela fût le cas, il me semblait que même le moins éthique des commerçants n'aurait pas vraiment envie de sélectionner un gène aux effets toxiques pour le placer à grands frais dans la graine d'une plante génétiquement modifiée destinée à la consommation animale et humaine ; ce n'est en effet pas le meilleur moyen de faire du commerce. En outre, le gène transplanté dans le génome du maïs existait déjà, certes dans un autre être vivant et ses effets y étaient connus, il eût donc fallu, par un mécanisme inconnu, que le gène interagisse avec le génome de la plante hôte, pour fabriquer une substance qui viendrait modifier la composition chimique du grain de maïs et que cette modification fût cancérogène chez le rat. Enfin, si l'on avait découvert une toxine, on en aurait entendu parler. Tout cela était très, très peu probable, d'autant que ces rats n'étaient pas les premiers êtres vivants à ingurgiter ce maïs.

Des graines ingérées par des milliards d'hommes et d'animaux sans danger répertorié

En effet, aujourd'hui sur la Terre, un milliard d'êtres humains mangent des produits issus des plantes génétiquement modifiées. La très grande majorité des animaux d'élevage aussi, y compris les volailles et les cochons français. Alors que cela est observé à la loupe par de nombreux épidémiologistes et tous les adversaires de ces plantes, personne n'avait auparavant noté un effet pathogène quelconque de cet OGM[1], comme des autres plantes génétiquement modifiées, utilisées pour la consommation animale et humaine. Le résultat paraissait alors suspect d'autant que son annonce avait la forme d'un coup médiatique : clause de confidentialité, embargo sur les chiffres pendant quarante-huit heures, publication d'un livre, émissions de télévision, tournage d'un film par Séralini… En outre l'affiliation de cette équipe à certains mouvements écologistes était bien connue et son financement par la grande distribution n'était plus un secret ; cette dernière tente en effet de différencier ses produits en inscrivant le label « sans OGM » pour certainement, un jour, en augmenter les prix et ainsi pénaliser financièrement les crédules, histoire morale en quelque sorte. Il y avait du sensationnel dans l'air.

1. Chelsea Snell *et al.*, « Assessment of the health impact of GM plants diets in long-term and multigenerational animal feeding trials : a literature review », *Food and Chemical Toxicology*, vol. 50, n° 3-4, mars-avril 2012, p. 1134-1148.

Les scientifiques contre Séralini, une certaine presse et le gouvernement

Dès que l'on a pu connaître le plan d'expérience et les chiffres, mais il a fallu quarante-huit heures pour cela – ce qui est inhabituel –, les six académies, dont l'Académie des sciences, l'Académie des technologies et l'Académie de médecine, ont, en France, attiré l'attention du gouvernement et de la presse sur le manque de sérieux méthodologique et la pauvreté des résultats de cette expérience si médiatisée. La réaction ne fut pas seulement française : je conseille aux lecteurs sceptiques de consulter le courrier mondial[1] qu'elle a suscité et notamment les lettres à l'éditeur de *Food and Chemical Toxicology*. À part une lettre de soutien, elles sont d'une violence inhabituelle, je n'en citerai qu'une[2] de deux auteurs vietnamiens, pour éviter les pays du grand capital. « Les rats utilisés pour cette étude sont connus pour être enclins à développer des tumeurs cancéreuses au cours de leur vie, et surtout quand ils deviennent âgés[3] [...]. La conception de l'expérience est inappropriée : le nombre de rats dans le groupe de contrôle de chaque

1. *Responses of various scientists via Science Media Center*, www.sciencemediacentre.org/expert-reaction-to-gm-maize-causing-tumours-in-rats.

2. Dung Le Tien, Ham Le Huy, « Comments on "Long term toxicity of a Roundup herbicide and a Roundup-tolerant genetically modified maize" », *Food and Chemical Toxicology*, vol. 53, mars 2013, p. 443-444.

3. Depuis 1956, on sait que les rats de la souche « Sprague-Dawley » développent de manière spontanée des tumeurs cancéreuses.

expérience est trop petit pour permettre une comparaison fiable [...]. Ces données contredisent ce qui a été publié en la matière dans cette même revue [...]. La toxicité d'un poison dépend de sa concentration, autrement dit, c'est la dose qui fait qu'un produit empoisonne, cependant les données présentées par Séralini *et al.* indiquent que les plus basses rations de maïs génétiquement modifié (avec ou sans Roundup) étaient plus toxiques pour les animaux que les rations plus abondantes. Enfin, et c'est le plus drôle, les mêmes auteurs soulignent que les auteurs n'ont pas fourni d'explication acceptable et suffisante à leur observation selon laquelle le taux de "mortalité" spontané des rats mâles des groupes de contrôle était plus élevé que dans le groupe expérimental [...] » ils n'ont d'ailleurs pas fourni les données sur cet aspect. Autrement dit, les rats mâles qui n'avaient pas d'OGM dans leur ration mouraient plus que ceux qui en avaient ! Pourtant, Séralini n'en a pas conclu que le maïs OGM était protecteur pour ces pauvres animaux.

Il faudrait en rire et c'est ce que fait la communauté scientifique mondiale, scandalisée par le fait qu'un journal d'une telle qualité publie un article aussi fantaisiste. Il faut en pleurer parce que le ministre de l'Agriculture a bien reçu M. Séralini et n'a pas daigné ouvrir sa porte aux représentants des académies.

Pourtant, dès la publication de ces travaux, des experts étaient consultés par les plus hautes autorités de l'État. Ils confirmèrent qu'il ne fallait pas attacher de crédit à ces travaux. Pourquoi n'en ont-ils pas informé l'opinion ? Cet avis ne méritait-il pas d'être diffusé ? Provenant de la présidence de la République, il aurait eu de la force. Qui voulaient-ils protéger ? Quant au magazine, il continue de s'enorgueillir d'avoir « ouvert le débat », comme si c'était dans ce type de journal que les scientifiques traitaient de ces questions ! Quelle prétention !

La science avance parce que apparaissent des idées nouvelles. Ces idées ne se diffusent que quand elles passent le stade de l'examen des collègues, toujours sceptiques, parfois bienveillants. Le débat est mondial. Outre l'analyse statistique des données qui suffisent parfois, comme dans le cas de Séralini, à rejeter un article ; même quand il n'y a pas d'erreurs logiques, il faut répliquer chaque expérience, analyser d'autres cohortes de rongeurs et, ce qui n'était pas le cas, avoir une explication du mécanisme biologique qui aurait conduit à la toxicité de cette graine.

Il n'y avait rien de tout cela, si ce n'est une équipe et un journal à la recherche de publicité. Ils l'ont acquise dans la communauté scientifique internationale, mais pas celle qu'ils attendaient et, dommage collatéral, ils ont contribué au discrédit de la France qui vraiment, dans ces domaines notamment, n'en avait pas besoin. Le 19 novembre 2013, fait rarissime, l'éditeur en chef de la revue *Food and Chemical Toxicology* annonce à M. Séralini que son article sera retiré des archives de la revue du fait de son caractère « non conclusif ».

Une peur et une ignorance entretenues

Quant à l'opinion qui gouverne notre démocratie, elle aura été durablement marquée. Les Français auront vu à la télévision des images de ces rats de laboratoire déformés par les tumeurs et ont certainement eu pour ces pauvres animaux un moment de pitié. Comme ils les ont vus et ont été émus, ils associeront pendant longtemps encore tumeurs et OGM. Cette association ne doit rien au hasard, mais beaucoup à l'indigence scientifique et à la pénétration du mouvement écologiste dans la presse française.

Toujours dans cette même veine de l'objectivité de la presse et encore sur les OGM, en juin 2013, un quotidien titre : « Les insectes survivent de mieux en mieux aux OGM. » Ce titre n'est cette fois-là pas une surprise : le b.a.-ba du darwinisme enseigne en effet que le milieu sélectionne les êtres adaptés à son environnement et, dans ce cas donc, les êtres résistant à l'insecticide fabriqué par l'OGM car, comme ils possèdent un avantage par rapport à ceux qui n'ont pas la chance d'être résistants, ils prolifèrent. Élémentaire ! Il en est ainsi, en particulier, des antibiotiques dont il ne me semble pas que l'on envisage d'en interrompre l'usage, sous prétexte que certaines souches de bactéries y sont résistantes. Ce n'était donc pas un scoop, mais l'école maternelle du darwinisme. Mais revenons à l'article comme à sa curieuse manière de choisir et de traiter l'information.

Tout d'abord son sous-titre est incorrect. « Cinq espèces de coléoptères et de lépidoptères ont développé, surtout aux États-Unis, des résistances aux plantes transgéniques insecticides », y lit-on. Elles n'ont rien « développé » du tout, en revanche le milieu de ces champs d'OGM a sélectionné les êtres qui y étaient déjà résistants.

Chez les plantes et animaux sauvages, il existe comme chez les humains, du fait de la reproduction sexuée, des variations génétiques. Dans une même espèce d'insectes, il y en a des petits et des grands et aussi certains qui résistent naturellement à des pesticides et d'autres pas. Une plante, fût-elle un OGM, n'induit pas de mutation chez ses ravageurs et donc n'entraîne aucun « développement » de résistances, mais ce nouveau milieu sélectionne les insectes d'ores et déjà résistants[1]. Ce n'est pas la même chose.

Puis l'article explique que les OGM, absents de France, ne sont pas la panacée, que des mauvaises herbes aussi ont acquis des résistances aux désherbants, qu'il faut (pour d'autres OGM) mélanger dans une même exploitation des plantes non transgéniques afin de ne pas sélectionner que les insectes mutants. En effet, si certaines plantes ne sont pas des OGM, les insectes qui s'en nourrissent et ne sont pas résistants cohabitent avec ceux qui le sont, ils entrent donc en concurrence avec ces derniers et l'on a une colonie d'insectes où est maintenue une forme de

1. Il en est ainsi chez les humains des porteurs sains du virus du sida. Ils sont séropositifs mais ne développent aucune maladie. Ils sont résistants.

diversité génétique. Tout cela est exact, comme l'est surtout le dernier paragraphe de cet article. « Les cultures Bt[1] ont jusqu'à présent permis de limiter l'épandage d'insecticides chimiques. L'agronome Charles Benbrook (Washington State University) ont en (*sic*) "économisé" 56 000 tonnes aux États-Unis, entre 1996 et 2011. Mais jusqu'à quand ? »

Donc, au lieu de titrer sur le fait que les OGM limitent l'épandage d'insecticides, cette information essentielle n'apparaît qu'au dernier paragraphe, après que tout l'article eut été consacré aux conséquences attendues de ces nouvelles techniques agronomiques. Le message est donc clair, il cherche, une fois encore, à accroître la résistance de l'opinion française en consacrant 95 % de l'article aux inconvénients de semences OGM et en ne consacrant, dubitatif (« *sic* »), que 5 % à ses bienfaits tangibles. Objectif ? Qu'en est-il de ces cultures si diabolisées en France ? Quelles leçons tirer de ce qui se passe en dehors de l'Hexagone ?

La France se ferme un marché où elle excelle encore

Le premier OGM est vieux de trente ans, ce qui donne un recul suffisant pour en connaître les bienfaits, les dangers et, accessoirement, permettre de

1. Celles dans lesquelles on a transmis par génétique un gène que l'on a été chercher dans le bacille de Thuringe (Bt). On sait depuis plus d'un siècle que ce bacille a des propriétés insecticides.

mesurer les conséquences de la politique française et européenne en la matière. La France, qui était à la pointe de la recherche mondiale il y a trente ans (ce premier OGM était franco-belge), ne l'est plus alors que les Amériques et l'Asie développent ces techniques aussi précises que, nous allons le voir, globalement bénéfiques.

Les 28 pays, les 17 millions d'agriculteurs qui cultivent 170 millions d'hectares de plantes génétiquement modifiées (plus de trois fois la surface de la France) ne sont pas tous inconscients ou irresponsables. En effet, dans les pays pauvres, les rendements s'améliorent du fait de la production de graines résistantes aux insectes et tolérantes aux herbicides. Aussi la très grande majorité (15 millions) des utilisateurs d'OGM est constituée de paysans à faibles ressources, vivant dans les pays en voie de développement. Dans les pays riches, les gains de productivité sont moins la cause du choix de ces nouvelles semences par les agriculteurs, mais s'ils les achètent, c'est parce qu'elles réduisent sensiblement le temps de travail, limitent l'épandage des produits phytosanitaires et les pertes de récoltes.

Une variété OGM peut aussi contribuer à ce qu'une culture persiste sur un territoire donné. Ainsi, à Hawaii, des papayers génétiquement modifiés permettent à la plante de résister à un virus et sauvent cette culture. Des innovations analogues étaient non seulement envisagées, mais testées en France pour la vigne. Ces ceps, résistants au « court noué[1] », ont été détruits par les Faucheurs volontaires.

Certes, à ce stade, pour les consommateurs, à part l'effet sur les prix, ces bienfaits ne les concernent qu'indirectement, mais un riz doré qui offre, à partir de cinquante grammes, la dose journalière de provitamine A est en cours d'autorisation aux Philippines et vraisemblablement sauvera de nombreuses vies humaines dans les pays où les enfants sont carencés. Pour la seule Inde, la Banque mondiale estime qu'il s'agirait de l'ordre de 40 000 vies par an[2]. En outre, la fondation Bill & Melinda Gates investit sur ce qu'on appelle la « biofortification » de plusieurs plantes (riz, manioc, banane, sorgho) en fer, zinc, vitamine E et acides aminés essentiels[3].

« 25 espèces de plantes génétiquement modifiées, auxquelles on a ajouté 319 différentes propriétés génétiques, sont autorisées dans le monde. » 81 % du soja, 81 % du coton, 35 % du maïs, 30 % du colza[4]… sont génétiquement modifiés et le marché de ces semences était de l'ordre de 15 milliards de dollars en 2012. Nous en consommerons, même si nous n'en cultivons pas et… nous en cultiverons. Les différents continents se préparent à attaquer l'Europe,

---

1. Une maladie virale grave qui attaque les ceps et conduit à l'arrachage de la vigne.

2. A. Stein *et al.*, « Genetic Engineering for the Poor : Golden Rice and Public Health in India », *World Development* 36, 144-158, 2008.

3. Ygor Potrikus, « La culture du riz doré au service de la malnutrition », *Biotechnologies végétales infos*, mai 2013.

4. « La situation des OGM dans le monde », *Biotechnologies végétales infos*, mai 2013.

même si les termes utilisés ne paraissent à ce stade que juridiques.

Dans une déclaration conjointe, les États-Unis et les gouvernements de l'Argentine, de l'Australie, du Brésil, du Canada et du Paraguay ont annoncé leur intention d'œuvrer à la suppression des barrières mondiales au commerce de la biotechnologie agricole. Les gouvernements déclarent qu'ils vont s'employer à « promouvoir l'application d'approches réglementaires fondées sur la science, transparentes et prévisibles, qui favorisent l'innovation et assurent un approvisionnement alimentaire mondial sûr et fiable, y compris la culture et l'utilisation de produits agricoles issus de technologies novatrices ». Autrement dit, ils n'acceptent pas des réglementations qui ne sont pas fondées sur la science. Ces six pays fournissent la plus grande partie de l'approvisionnement des marchés internationaux en maïs et soja.

L'American Seed Trade Association (ASTA), l'American Soybean Association (ASA), la Biotechnology Industry Organization (BIO), la North American Export Grain Association (NAEGA), la National Corn Growers Association (NCGA) et la National Grain and Feed Association (NGFA) ont publié une réponse conjointe en faveur d'une plus grande collaboration. « Le secteur agricole américain convient que l'opportunité et l'efficacité des systèmes réglementaires mondiaux constituent un domaine particulier de préoccupation », ont-ils déclaré. « Dans la publication conjointe, les gouvernements aux vues similaires ont mis en exergue leur intention de promouvoir la synchronisation des autorisations par les autorités chargées de la réglementation, notamment à des fins d'alimentation humaine, animale et de transformation ». Il suffit d'attendre pour que la raison s'impose, même en France et en Allemagne, fût-ce par la brutalité des rapports de force et des relations commerciales qui en découlent.

La France est encore le premier exportateur mondial de semences, mais cela ne peut pas durer car le pays se ferme aux techniques[1] et aux industries du futur. La grande spécialiste mondiale du génome de blé, une Française, quitte son pays[2]. Pendant ce temps-là, les représentants de ce qu'on appelle, à tort, la « société civile » manipulent à leur profit les instances consultatives nationales et ferment toute carrière à ceux qui voient que l'avenir est dans le développement des extraordinaires possibilités offertes par la transgenèse. Ainsi, au « Haut Conseil des biotechnologies » (HCB), il ne reste plus que les représentants de Greenpeace, de France-nature-environnement, des Amis de la Terre et de l'agriculture biologique. Les industriels (ANIA), la production agricole (FNSEA) et la CFDT ont démissionné. Contrairement aux écologistes, ils ne pensent pas que l'avenir de notre pays

1. Qui ne se limitent pas aux OGM.

2. Il s'agit de Catherine Feuillet, directeur de recherche à l'Inra, chercheuse mondialement reconnue. Elle devient senior vice-president de *Traits Research, Research & Development, Bayer CropScience* aux États-Unis.

soit la décroissance. Un organisateur du fauchage des champs de l'Inra siégeait encore en 2013 au comité « économique, éthique et social » du HCB. Est-ce par hasard d'ailleurs si, dès l'origine, 14 des 23 membres du Haut Conseil des biotechnologies étaient opposés aux OGM ? N'est-ce pas un profond dévoiement de notre démocratie que d'organiser consciemment la manipulation de l'État par des associations qui n'ont aucune légitimité politique et dont on ignore en général les objectifs réels et le financement ?

Pourquoi tolère-t-on la violence des « faucheurs de science[1] » qui justifient leurs actes par une bouillie conceptuelle où se mélangent la défense de la pureté de la nature, l'attaque du grand capital qui la privatiserait, la violence de la classe des dominés sur les dominants et la justice. En effet, pour reprendre l'un d'entre eux, cité par Gil Rivière-Wekstein[2], Gérard Liebskind va jusqu'à imaginer des sévices aux magistrats et se permet de déclarer : « La justice pétainiste aux ordres des mafias des semenciers et multinationales de l'agrobusiness a encore frappé. À quand les ciseaux pour raser les procureurs valets serviles des mafias OGM *[sic]*. »

1. Gil Rivière-Wekstein, *Faucheurs de science – Les fanatiques sont dans nos campagnes*, Le Publieur, février 2013.

2. *Ibid.*, p. 50.

Des gouvernements déterminés à… ne pas appliquer les décisions du Conseil d'État

En août 2013, la justice continue avec courage de faire son travail. Le Conseil d'État annule l'arrêté instaurant un nouveau moratoire sur l'exploitation du maïs MON810, pris le 16 mars 2012, car Bruno Lemaire, ministre de l'Agriculture de l'époque, avait invoqué l'avis de l'Agence européenne de sécurité des aliments (ASEA) alors qu'« elle n'adressait aucune recommandation à la Commission européenne de suspendre ou de modifier d'urgence l'autorisation de mise sur le marché de ce maïs ». En outre, souligne encore le Conseil d'État, le ministère de l'Agriculture « ne faisait pas état d'éléments nouveaux, reposant sur des données scientifiques, fiables, permettant de conclure à l'existence d'un risque manifeste mettant en péril de façon manifeste l'environnement ». Le jour même de cette décision, les ministres de l'Agriculture et de l'Écologie du gouvernement de Jean-Marc Ayrault annoncent qu'ils ont demandé à leurs services « de nouvelles pistes pour créer un cadre réglementaire adapté ». Le lendemain, le 2 août 2013, le président de la République, en déplacement en Dordogne, précise qu'il y aura « une prolongation du moratoire ». Toutefois, conscient de la fragilité juridique de son propos, il ajoute qu'il est nécessaire de « sécuriser juridiquement cette décision sur le plan national et surtout le plan européen ». Autrement dit : changer les règlements européens et la loi française. Il doit en effet savoir qu'il n'y a aucune base juridique sérieuse pour prolonger ce moratoire.

Pendant la trêve estivale, l'obscurantisme continue. La presse le nourrit. Regardant ce soir-là les journaux télévisés, je suis notamment tombé sur de belles images d'un apiculteur, de ses ruches et des vibrantes abeilles. Le montage laissait croire que la mortalité des abeilles en France était due à cet OGM alors que, nous venons de le rappeler, il n'était pas autorisé en France. En outre, *dixit* l'apiculteur harnaché devant ses ruches, le pollen de ce maïs transgénique est dangereux pour les abeilles ! Pourtant, le pollen n'est que le gamète mâle d'une plante[1] et le gène insecticide est, dans ce gamète, dormant ! Un spermatozoïde de serpent n'est pas plus vénéneux qu'un pollen de plante transgénique n'est insecticide ! On ne se fait pas non plus dévorer par un spermatozoïde de lion. Bien entendu, cette remarque de biologie élémentaire n'est pas venue à l'esprit de la journaliste. Il est vrai qu'on était en vacances scolaires ; vacances en effet.

Toutes ces rodomontades n'auront aucune importance pratique car, quelques jours auparavant, l'entreprise Monsanto avait annoncé qu'elle retirait toutes ses demandes d'homologation de cultures d'OGM dans l'Union européenne, en France aussi donc. Pourquoi le président et ses ministres se sont-ils alors

1. L'équivalent du spermatozoïde chez les animaux.

exprimés ? Vraisemblablement pour donner un gage à leurs alliés écologistes. Peu importe qu'il fût inutile et, comme le rappelle le Conseil d'État, infondé juridiquement et scientifiquement.

La filiation avec Jean Jaurès s'est interrompue

D'autres temps auraient trouvé pour la France d'autres voies. Aussi avons-nous souhaité clore ce chapitre par une citation de Jean Jaurès et la dédier, très amicalement, à François Hollande et à Ségolène Royal.

Si cette dernière apparaît ici, c'est qu'elle s'est personnellement rendue le 14 juin 2011 au tribunal de Poitiers pour soutenir José Bové. Restée à la barre près d'une heure, elle y déclara notamment que « ces huit faucheurs ont alerté l'opinion ; ils ont rendu service à l'intérêt général et je peux le dire très tranquillement, ils ont sauvé des dizaines de milliers d'emplois dans la région », détaille-t-elle, avant d'évoquer les cinquante-cinq produits labellisés de sa région. Ce qui provoque l'étonnement de la juge. « Vous, une représentante du peuple, n'est-ce pas paradoxal de défendre une action illégale[1] ? » Royal assume. « La visibilité de cette action a permis une meilleure application du droit », conclut-elle[2]. Elle aura aussi montré

1. Bien entendu, la même question aurait dû être posée par les journalistes au président de la République en août 2013.
2. Matthieu Goar, *20 minutes*, 14 juin 2013.

à cette occasion sa maîtrise du dossier en prétendant que les maïs OGM n'étaient jamais plantés en plein champ ! Tout le monde ne peut pas s'informer avant d'évoquer une question (peu) technique et revenons à un très grand ancien, Jean Jaurès[1].

« Mais n'est-ce pas l'homme aussi qui crée le blé ? Les productions que nous appelons naturelles ne sont pas pour la plupart [...] l'œuvre spontanée de la nature. Ni le blé ni la vigne n'existaient avant que quelques hommes, les plus grands génies inconnus, aient sélectionné et éduqué lentement quelque graminée ou quelque cep sauvage. C'est l'homme qui a deviné dans je ne sais quelle pauvre graine tremblante au vent des prairies le trésor futur du froment. C'est l'homme qui a obligé la sève de la terre à condenser sa plus fine et savoureuse substance dans le grain de blé ou à gonfler le grain de raisin [...].

Les hommes oublieux opposent aujourd'hui ce qu'ils appellent le vin naturel au vin artificiel, les créations de la nature aux combinaisons de la chimie. Il n'y a pas de vin naturel ; il n'y a pas de froment naturel. Le pain et le vin sont un produit du génie de l'homme. La nature elle-même est un merveilleux artifice humain [...]. L'union de la terre et du soleil n'eût pas suffi à engendrer le blé. Il a fallu l'intervention de l'homme, de sa pensée inquiète et de sa volonté patiente [...] Que la science soit près du moissonneur [...] » et de nos gouvernants.

1. Jean Jaurès, « La houille et le blé », *La Petite République*, 31 juillet 1901.

5

Pesticides et herbicides

L'attaque contre les médicaments des plantes ignore leurs considérables bienfaits

À la fin du mois de mars 2013, plusieurs organisations non gouvernementales décident de créer un nouvel événement médiatique : « la semaine sans pesticides ». Pour se rendre compte de ce que cela signifie en agronomie, il suffit d'imaginer que l'équivalent médical de cette brillante initiative serait : « la semaine sans médicaments ». Pas besoin d'aller chercher loin pour justifier une semaine sans médicaments, l'argument est le même : les médicaments peuvent être dangereux pour la santé. Effectivement, ils le sont toujours quand ils sont actifs, mais ils soignent aussi et c'est pour cela qu'ils ont été conçus à grands frais, pas pour être dangereux, mais pour guérir. Il arrive cependant qu'ils guérissent et soient dangereux, c'est même la règle. Ceux qui ont subi une chimiothérapie ont constaté dans leur chair la douloureuse véracité de ces propos.

De même, les pesticides sont utiles mais peuvent être dangereux. Ils ont été conçus pour tuer des « pestes », parasites de tous ordres (virus, bactéries, champignons, insectes, rongeurs, autres végétaux...) qui attaquent les plantes, détruisent les cultures et produisent des toxines souvent bien plus redoutables que les microtraces de pesticides qui pourraient encore subsister après la récolte de graines, feuilles ou fruits. En outre, ces « pestes » peuvent attaquer les humains, y compris en ville. La chenille processionnaire du pin est urticante. Les rats, qui cherchent le couvert des massifs floraux des jardins publics, sont porteurs de la leptospirose. La végétation des abords routiers peut être fatale pour les automobilistes, et comme la fauche peut l'être aussi pour les cantonniers, il est utile de désherber. C'est aussi ce que font les particuliers quand, dans leur jardin, ils souhaitent « nettoyer » les allées. Certes il est possible de biner mais, en climat humide, les mauvaises herbes repoussent très vite. Enfin les pesticides ont aussi des usages domestiques. Les parents d'enfants scolarisés ont utilisé, parfois à forte dose, des pesticides pour tenter de tuer les poux qui avaient élu domicile dans la chevelure de leur progéniture quand ils n'étaient pas eux-mêmes habités par ces « pestes » grouillantes et grattantes et on ne peut plus « naturelles ».

Les pesticides sont donc des substances destinées à lutter contre des êtres vivants (les « pestes ») qui attaquent d'autres êtres vivants (les plantes cultivées) qu'utilisent les hommes pour leur alimentation. Ils sont donc, par essence, toxiques pour les cibles pour lesquelles ils ont été sélectionnés, ils peuvent aussi constituer un risque pour d'autres êtres vivants, à commencer par les hommes qui les fabriquent, les transforment ou les épandent. Le profil toxicologique de ces substances est aujourd'hui bien connu et signalé aux utilisateurs. Les interrogations actuelles portent sur l'effet à long terme de leurs traces, en oubliant le plus souvent leurs réels et considérables bienfaits.

Du fait de la découverte d'infimes traces de ces produits dans l'alimentation humaine, à en croire certains experts autoproclamés, manger des crudités ou boire de l'eau de source pourrait être aussi risqué que conduire un camion chargé de dynamite sur une route de montagne. Ils nous inventent donc à fort relais médiatiques la salade de la peur, des salades en effet. Toutefois, ceux qui sont encore sensibles aux arguments rationnels vont découvrir dans les lignes qui suivent qu'il n'y a aucune raison de s'inquiéter, sauf quand on manipule ces produits souvent, sans protection, ou que les jours de grand vent, on les respire à pleins poumons à l'occasion d'épandages successifs.

L'excellente santé des agriculteurs et des ouvriers agricoles

Même si cette heureuse vérité dérange certains, nous allons le voir, les agriculteurs ne sont pas plus malades que le reste de la population, au contraire. Selon l'étude « Agrican[1] », financée par la Mutualité sociale agricole, « les agriculteurs français sont en meilleure santé que la population française, et… [ces recherches] montrent une nette sous-mortalité pour la population agricole comparativement à la population générale du même âge et du même département » ! Les agriculteurs ont aussi une plus longue espérance de vie que la moyenne des Français. « Les hommes et les femmes de la cohorte[2] ont, respectivement, moins de risque de décéder d'une maladie d'Alzheimer ou de Parkinson (– 31 % et – 36 %) d'un infarctus ou d'un AVC (– 29 % et – 23 %) ou d'une maladie respiratoire (– 34 % et – 36 %). » Il existe par ailleurs une sous-mortalité pour presque tous les cancers par rapport au reste de la population ; il n'y a qu'une légère surmortalité (+ 1 % pour les hommes, + 6 % pour les femmes) des cancers de la peau. Cela s'explique aisément et n'étonnera personne : les agriculteurs vivent plus au grand air que la moyenne des Français et, comme tous les humains, sont sensibles aux effets pathogènes des rayons du soleil, d'où la

1. Agrican, Mutualité sociale agricole, septembre 2011.
2. Cohorte de 180 000 agriculteurs et ouvriers agricoles.

légère croissance dans cette population des mélanomes. Cette excellente santé se manifeste donc chez les agriculteurs et les ouvriers agricoles, « malgré des déclarations d'intoxication aux pesticides ayant entraîné une consultation (8,7 % chez les hommes, 5,1 % chez les femmes de la cohorte) ».

Il est cependant vraisemblable que vous n'ayez jamais entendu parler de cette étude importante par ses résultats et son sérieux, dus notamment au nombre de personnes incluses. Il est en effet rare d'atteindre en la matière un tel chiffre. Présentée aux médias, elle ne fut diffusée que pendant à peine une journée ; depuis c'est l'omerta car elle va contre les idées reçues et les messages des films catastrophes.

Si les agriculteurs vivent plus vieux, ce n'est cependant pas grâce aux pesticides, mais parce qu'ils fument moins, parce que leur vie est plus saine[1], parce qu'ils sont maîtres de la manière dont ils organisent leur travail et tout cela explique, notamment, ces différences importantes. Mais, sans forcer le trait, on peut également en conclure que si les pesticides étaient aussi dangereux que, par exemple, l'amiante, le minerai de fer ou le charbon, une telle étude apporterait incontestablement la démonstration d'une surmortalité chez ceux qui doivent les épandre. Or, à l'inverse, elle démontre une très forte sous-mortalité. Maniés dans les règles, les pesticides ne

1. On pourrait parfois utiliser l'imparfait tant l'automatisation permet d'éliminer quasiment la marche et la force physique.

sont donc pas de la dynamite. Un agriculteur ne prend pas non plus les risques des guides de haute montagne, profession connue pour son très fort taux de mortalité et qu'on devrait suggérer d'interdire par « précaution ». Oui, la nature sauvage peut être mortelle, infiniment plus sûrement donc que des traces de pesticides.

Toutefois, l'étude Agrican, aussi rassurante et rigoureuse qu'elle puisse être, n'a en rien atténué les critiques. Deux ans après la publication de ces travaux, en consultant leur impact sur Internet, on voit que l'attaque médiatique s'est organisée. Si donc, en 2013, vous tapiez « Agrican » sur un moteur de recherche, ce n'est pas l'étude qui apparaissait en tête de liste, mais le contre-feu allumé par les différentes officines du mouvement écologique. Générations futures, organisation non gouvernementale qui s'inquiète à ce propos de l'absence de chiffres « clairs » sur l'incidence des cancers[1]. Et, une fois encore, on croit mettre en cause la qualité de l'étude en jetant le doute sur d'éventuels conflits d'intérêts de ses financeurs. « Financée par la MSA et l'UIPP (Union des industries de la protection des plantes (*ndlr*) [l'étude] manque visiblement d'indépendance et cela explique que les chiffres qui pourraient montrer que les agriculteurs sont plus touchés par certains types de cancer (possiblement liés aux pesticides) que la population générale ne sortent

1. Comme s'ils en produisaient eux-mêmes.

pas ! » déclare François Veillerette, porte-parole de Générations futures[1].

Il est vrai que ces résultats ne sont pas conformes à ses croyances, mais cette association ne produit aucune autre étude d'une qualité comparable pour conforter ses dires. Or seuls les résultats comptent, et ceux qui ont été publiés sont rassurants pour la santé des agriculteurs, comme pour ceux qui craindraient encore ces produits bénéfiques.

Le Parlement s'attribue une expertise scientifique

Une première bataille de la surmortalité des agriculteurs par cancer ayant été perdue, le mouvement écologique cherche alors le terrain d'un nouveau combat. Il le trouve en faisant craindre l'effet pathogène des « faibles doses » de ces produits qui pourraient venir perturber le fonctionnement hormonal. Cette hypothèse est biologiquement plausible ; en effet, les hormones modifient – ô combien ! – à très faible doses le comportement de tous les animaux et donc celui des hommes. Bien entendu, ce n'est envisageable que pour un nombre très limité de substances, celles dont la structure chimique est proche de celle d'une hormone. En outre, pour qu'elle vienne perturber quoi que ce soit, ladite substance

1. www.actu-environnement.com/ae/news/etude-agrican-generations-futurees-13561.php4.

doit pénétrer dans le corps. Elle n'a que quelques portes d'entrée possibles : le tube digestif, la peau, les alvéoles pulmonaires et les muqueuses. Peu y parviennent, tant ces organes sont aussi des barrières protectrices.

Si un jour vous êtes invité à déjeuner dans un restaurant du Limousin et qu'on vous propose des « amourettes » bien goûteuses accompagnées d'un blanc de Corrèze, sachez qu'il s'agit derrière ce joli nom de testicules de mouton. Si elle n'est pas rebutée par l'idée, la plus féminine des gastronomes n'aura rien à craindre des conséquences des traces d'hormone mâle du mouton car cette hormone aura été détruite par la cuisson. Et si ces amourettes avaient été crues, je n'ose y penser, elle n'aurait encore couru aucun danger. Je me souviens en effet que, durant la brève période de ma vie où j'ai travaillé dans une ferme, à l'occasion de la castration de jeunes taurillons, le spécialiste de l'opération partageait entre ses deux chiennes les précieuses glandes. Je les vois encore sauter en l'air et remuer la queue, impatientes de goûter la saveur de cette friandise canine. La chose faite, le castrateur me disait toujours : « Vous voyez, monsieur, y a pas de jalouses ! » Quant à ces chiennes bien traitées, elles ne changeaient pas leur comportement du fait de l'ingestion fréquente et massive de testostérone : l'hormone ne passait pas la barrière gastrique, elle était digérée.

Plus sérieusement, l'Académie de médecine[1] indique que « le bisphénol (BPA), un éventuel perturbateur endocrinien, pourrait contribuer pour **une part vraisemblablement faible** à l'augmentation du nombre de cancers hormonodépendants [...]. Il convient dès à présent de prendre certaines mesures de précaution en améliorant l'information du public pour éviter la libération du BPA dans les aliments [...]. Même si on se limite pour le BPA aux plastiques des emballages alimentaires et des résines dentaires, les plus préoccupants au plan sanitaire, **une interdiction radicale paraît irréalisable tant que nous ne disposons pas de produits de remplacement ayant fait la preuve de leur efficacité et de leur innocuité. L'échéance de janvier 2014, qui ne se fonde sur aucune avancée industrielle connue, est dans ces conditions trop arbitraire et ne peut qu'alarmer et désorienter inutilement les consommateurs** ».

Autrement dit : il y a peut-être quelque chose donc, dans certaines circonstances, il faut être prudent. Mais, étant donné les bienfaits de ces substances qui, par exemple, ont rendu hermétiques les boîtes de conserve et ont fait disparaître le botulisme, lui souvent mortel, il importe de ne pas prendre de décisions coûteuses et irréversibles, c'est cependant ce qui a été fait.

1. Henri Rochefort et Pierre Jouannet, « Perturbateurs endocriniens (PEs) et cancers. Analyse des risques, des mécanismes et propositions pratiques », *Académie nationale de médecine*, novembre 2011.

Cette histoire a une suite. En avril 2013, l'Agence française de sécurité sanitaire (Anses)[1] alerte sur les risques auxquels, du fait de ce produit, sont exposées les femmes enceintes. « L'analyse des articles scientifiques concernant les effets du BPA publiés avant juillet 2012 a permis d'identifier, sur la base des données expérimentales animales, des effets critiques jugés pertinents pour l'enfant à naître des femmes enceintes exposées [...]. **Aucun effet avéré n'ayant été identifié chez l'homme en dépit de nombreuses études épidémiologiques[2], les experts ont choisi de se référer, pour l'évaluation des risques, aux effets jugés avérés chez l'animal et/ou suspectés chez l'homme,** comme cela est fait classiquement. »

Dans ce cas, à partir du calcul vraisemblable d'une exposition éventuelle des enfants à ces substances, est calculé un facteur d'incertitude qui varie de 300 à 900[3]. Autrement dit : on prétend qu'ils ont été surexposés. Ainsi, il n'est pas impossible qu'à trois cents fois la dose de toxicité biologique « les conclusions montrent que certaines situations d'exposition de la femme enceinte au BPA présentent un risque pour la glande mammaire de l'enfant à naître. Les effets retenus sont caractérisés par une augmentation du nombre de structures épithéliales indifférenciées associée à une augmentation de la sensibilité de la glande mammaire à la transformation tumorale.

1. Anses, *Évaluation des risques du bisphénol A pour la santé humaine*, mars 2013, www.anses.fr/fr/documents/CHIM2009sa0331Ra-0.pdf.
2. Il y en a eu plus de 5 000 !
3. Le minimum est un facteur de 100.

La réponse aux expositions à des cancérogènes est plus importante lorsque l'exposition survient pendant la puberté ou l'adolescence, période durant laquelle les bourgeons terminaux (TEB) puis les canaux terminaux de la glande mammaire, considérés comme les structures les plus sensibles aux carcinogènes mammaires, sont encore nombreux.

Le niveau de confiance associé à ces résultats est qualifié de "modéré" par la majorité des experts. Certains experts considèrent ce niveau de confiance comme "limité", notamment en raison de la sensibilité du modèle au facteur de biodisponibilité. En effet, si des données de biodisponibilité plus faibles chez l'homme étaient utilisées, ces situations de dépassement pourraient être revues à la baisse. Concernant les trois autres types d'effets (effet sur le cerveau et comportement, effet sur le métabolisme et obésité, effet sur le système reproducteur féminin), le risque apparaît "négligeable", selon les hypothèses considérées ».

En langage compréhensible cela peut se traduire ainsi :

— l'effet sur la glande mammaire n'a été démontré que chez les rongeurs de laboratoire et rien chez les humains, malgré de très nombreuses études épidémiologiques.

— « Les données disponibles ne permettent pas de considérer ces effets comme "avérés" chez l'homme », indique clairement le rapport de l'Anses.

— Les hypothèses de biodisponibilité, c'est-à-dire la quantité de bisphénol qui passe du produit au corps humain sont incertaines.

Pour faire bonne mesure, les doses qui auraient vraisemblablement pénétré le corps humain ont été multipliées par un facteur allant de 300 à 900.

Et malgré tout le niveau de confiance dans ces résultats est « modéré »[1].

L'agence recommande cependant de réduire l'exposition au bisphénol A des personnes à risque, conformément à la législation en vigueur et de poursuivre les recherches.

Rien donc de nouveau, ni de différent de ce que disait dix-huit mois auparavant l'Académie de médecine. On se demande d'ailleurs les raisons de cette double expertise, mais ce n'est pas la première fois que les gouvernements font fi des avis des académies et recherchent à grands frais d'autres sources d'expertise.

La presse française, acquise aux thèses précautionistes, se félicite de la publication d'un tel rapport et sort les titres des grands jours. « Le bisphénol

1. Rappelons que pour faire peur soit, comme on vient de le voir, on accroît la dose d'exposition pour calculer un très hypothétique effet toxique, soit, toujours pour faire peur, on décrète un seuil de toxicité acceptable très inférieur au seuil de toxicité démontré. Autrement dit pour mesurer les doses acceptables ou les personnes « exposées », on divise la dose où l'effet toxique a été démontré par un facteur allant de plusieurs centaines à plusieurs milliers. On déclare alors que des traces sont toxiques à ces doses alors qu'elles ne le sont pas, c'est la toxicité bureaucratique qu'utilisent la presse et les agences chargées de contrôler une éventuelle pollution. Elle est donc différente de celle qui a pu être démontrée en laboratoire après des tests sur des animaux. La toxicité bureaucratique est celle des normes européennes ou françaises qui conduisent à éliminer des traces alors qu'à ce niveau leur toxicité n'a pas été montrée. Au-delà d'un facteur de 10, voire de 100, cela est toujours inutile et onéreux.

perturbe la toxicologie » titre en pleine page un quotidien avant d'ajouter : « "C'est la dose qui fait le poison". Ce credo est rendu caduc par les perturbateurs endocriniens, lesquels montrent des effets délétères sur la santé non pas à fortes doses mais à de très faibles concentrations. Le dernier rapport français sur le bisphénol A pointe ainsi des risques cancérigènes liés à l'exposition *in utero*. » Et suivent deux pages du journaliste sur ce sujet.

Pourtant ce rapport ne dit rien de la sorte. Il est connu que les composés de la famille des bisphénols, le plus souvent inactifs, quand ils se « déconjuguent » ont des propriétés œstrogéniques. Or toutes les hormones, quand elles circulent dans le sang, agissent certes à des doses infimes, mais la dose à cette échelle demeure importante. La dose fait donc toujours le poison même si, dans ce cas, la dose peut être très très faible. Il y a donc toujours des effets de seuil.

Il existe de très nombreuses toxines naturelles

Il ne m'appartient pas de trancher dans le débat épidémiologique et toxicologique, ni de prendre de décision politique en la matière. L'Académie de médecine semble avoir été très prudente dans ses recommandations et je ne pense pas qu'il soit sage d'aller au-delà, mais ce n'est pas l'avis de la presse, ni du Parlement.

Pourquoi s'arrêter là ? La moitié de nos aliments contiennent aussi des substances cancérogènes chez les rongeurs. « Il y a de l'acétaldéhyde dans les pommes, du benzène dans le café, des furanes et leurs dérivés dans le pain, les oignons, le céleri, les champignons de Paris et les patates douces, du furfural à nouveau dans le pain et ainsi de suite[1]. » Là encore les doses sont telles qu'il ne faut pas, le plus souvent, s'en préoccuper ; mais avec le raisonnement tenu pour le bisphénol A on le devrait d'autant plus que les doses « naturelles » sont relativement plus élevées.

Si l'on trouve demain un produit aussi efficace, aussi bon marché et sans ce risque potentiel, remplaçons immédiatement le bisphénol A par ce produit et c'est bien ce que dit l'Académie de médecine : « **Une interdiction radicale paraît irréalisable tant que nous ne disposons pas de produits de remplacement ayant fait la preuve de leur efficacité et de leur innocuité.** » La solution radicale votée par le Parlement est sans nuances, sanitairement dangereuse et économiquement coûteuse.

Celui qui *in fine* paiera les quelques milliards d'euros pour remplacer le bisphénol A par un autre produit plus incertain est connu : c'est le consommateur. Aussi, beaucoup de pays avec les mêmes évidences (l'ANSES ne fait aucune étude spécifique, mais exploite les publications existantes) ont pour l'instant choisi de ne pas limiter l'usage de ce produit.

1. Jean de Kervasdoué, *La peur est au-dessus de nos moyens*, Plon, 2011.

Sommes-nous suffisamment riches pour prendre ce type de « précaution » ?

Quant aux traces d'autres produits toxiques[1] (ils ne sont pas tous des perturbateurs endocriniens potentiels) qu'il s'agisse de furane, de neurotoxines, de dioxine ou de furfural, dès 1990, l'Académie américaine des sciences publiait un article[2] dont les résultats essentiels n'ont jamais été remis en cause depuis. **Ils démontrent que 99,99 % des pesticides d'une ration alimentaire moyenne d'un citoyen des États-Unis proviennent de pesticides « naturels » (1,5 gramme par personne par jour) soit 10 000 fois plus que les traces des produits de synthèse.** À l'époque, ils indiquaient : « Seulement 52 pesticides naturels ont été testés sur des animaux à dose élevée, et environ la moitié (27) sont des cancérogènes chez les rongeurs ; il est démontré que ces 27 [produits] sont fréquents dans de nombreux aliments familiers. Nous en concluons que les produits chimiques naturels et synthétiques ont autant de chances d'avoir des effets positifs sur les tests de cancer. Nous en concluons aussi qu'aux faibles doses de la plupart des expositions humaines, le risque comparé des résidus de pesticides synthétiques est insignifiant. »

1. Jean de Kervasdoué, *Les prêcheurs de l'apocalypse*, *op. cit.* ; *La peur est au-dessus de nos moyens*, *op. cit.*

2. BN Ames, M Profet and LS Gold, « Dietary pesticides (99,99 % all natural) », *Proceedings of the National Academy of Sciences*, 1er octobre, 1990, vol. 87, n° 19.

Oui, une fois encore, la plupart des produits familiers, le pain, le vin, la viande, le café, les pommes de terre contiennent tous des substances toxiques ou cancérogènes chez les rongeurs et cela à des taux de concentration bien supérieurs aux traces découvertes récemment dans les eaux minérales. Mais, avant de revenir à l'eau, soulignons que, si ces substances toxiques existent dans ces plantes, c'est parce que la pression sélective a favorisé celles qui portaient des toxines capables de les défendre contre leurs agresseurs naturels. En outre les produits « bios », moins protégés, peuvent être, dans certains cas, porteurs d'importantes doses de mycotoxines. Aussi, une des grandes spécialistes mondiales de ces questions explique pourquoi elle n'achète et ne mange jamais de produits avec le label « bio ». L'entendant expliquer les raisons de cette décision, une fervente adepte de ces produits fit cette touchante remarque : « Ah ! si la science s'en mêle ! »

Quant à l'eau, même « l'eau minérale n'est plus épargnée par la pollution », titre un quotidien en pleine page. L'a-t-elle jamais été ? En effet, la chimie analytique devient tellement fine et précise qu'il est possible de trouver la trace d'un milliardième de gramme de quoi que ce soit où que ce soit. Et le quotidien de citer l'association France Libertés. « Ces constats révèlent à quel point notre environnement est contaminé. Nous ne remettons pas en cause la potabilité de l'eau, mais nous nous interrogeons sur les éventuels effets cocktails entre plusieurs molécules et sur les conséquences de ces micropollutions sur le long terme. » Certes, il n'est jamais mauvais de s'interroger, mais de nouveau à quel coût ? C'est aussi cette même association qui condamne le « gaspillage chaque année de 1,3 milliard de m^3 d'eau potable dû aux fuites dans les canalisations collectives [...] ». Or nous avons montré[1] que ce prétendu « gaspillage » en était rarement un. En effet, l'eau prise en amont pour alimenter un réseau d'adduction d'eau quand elle repart, du fait de la fuite, un peu plus bas, reprend son chemin, demeure dans son bassin versant et se dirige vers la mer où elle ira se perdre. Le « gaspillage » n'est que celui du chlore qui a été ajouté pour éviter que l'eau stagnante des tuyaux se charge de bactéries. En revanche, réparer un réseau coûte cher : au moins 150 000 euros par kilomètre de tuyaux, aussi ne faut-il cesser le « gaspillage » que quand les fuites coûtent plus cher que la réparation. C'est un raisonnement économique élémentaire qui nécessite un calcul à la portée d'un élève du primaire. Quant à la pureté d'aujourd'hui, il faut ne pas avoir connu les puits et les « sources » d'hier, à quelques mètres du tas de fumier, pour être encore nostalgique de l'eau « naturelle » d'antan.

1. Jean de Kervasdoué et Henri Voron, *Pour en finir avec les histoires d'eau – L'imposture hydrologique*, Plon, 2012.

Des traces infimes de pesticides ne sont pas toxiques

Enfin, l'Inserm[1] a publié au début de l'année 2013 un très intéressant rapport sur l'effet des pesticides sur la santé. L'étude de la littérature internationale est exhaustive, le seul document sur la synthèse et les recommandations comporte déjà 161 pages. Peu le liront et moins nombreux encore seront ceux qui prendront connaissance de la totalité de cette expertise collective, quand elle sera publiée. En revanche, le communiqué de presse de trois pages, lui, a été lu et repris. Comme toujours, la présentation au grand public est pour le moins dramatisée, jugez-en. « Il semble exister une association positive entre exposition professionnelle à des pesticides et certaines pathologies chez l'adulte : la maladie de Parkinson, le cancer de la prostate et certains cancers hématopoïétiques (lymphomes non hodgkiniens, myélomes multiples) », déclare le communiqué de presse. Pour le rapport, les choses semblent différentes : « Les données les plus récentes issues de la plus importante cohorte prospective actuellement menée aux États-Unis [...] ont montré que ni l'incidence des LNH (lymphomes non hodgkiniens), ni la mortalité observée chez les exploitants agricoles applicateurs

1. Inserm, « Pesticides – Effets sur la santé – Expertise collective – Synthèse et recommandations – 2013 », www.inserm.fr/actualites/rubriques/actualites-societe/pesticides-effets-sur-la-sante-une-expertise-collective-de-l-inserm.

de pesticides ou chez les applicateurs professionnels, et chez leurs conjoints, exposés aux pesticides ne sont statistiquement différentes de la population générale[1]. » Mais, nous explique-t-on, comme l'*Agricultural Health Study* présente un déficit de risque pour l'ensemble des cancers (comme en France l'étude Agrican), on corrige. « En procédant de la sorte, un excès de risque significatif de survenue de LNH de même qu'une augmentation statistiquement significative des décès dus à ces lymphomes ont été observés[2]. » Élémentaire, si l'on augmente la dose d'un produit toxique, il devient de plus en plus toxique !

Plus loin, dans le même rapport[3] il est cependant indiqué que, pour la leucémie, trois méta-analyses[4] montrent une augmentation du risque significative et pour quatre autres pas significative, même si pour deux d'entre elles « les résultats étaient à la limite du seuil de significativité ». Notion merveilleuse que celle de « limite du seuil de significativité » qui, généralisée, permettrait de dire qu'on a presque été reçu à un concours ou encore presque gagné à la loterie nationale ! Mais venons-en à la fin de ce rapport et « au bilan des études analysées sur l'exposition aux substances actives autorisées en France[5] ». Pour un tiers des substances étudiées, il y aurait « une pré-

1. Rapport Inserm, p. 24.
2. *Ibid.*, p. 25.
3. *Ibid.*, p. 35 et 36.
4. Une méta-analyse est un examen exhaustif de la littérature scientifique publiée sur un sujet.
5. Rapport Inserm, p. 143 à 146.

somption d'un lien » entre ces substances et certaines maladies. Il n'est pas indiqué de dose nécessaire pour qu'il y ait un effet, pas plus que l'importance statistique de ce lien qui n'est jamais que présumé ! Pour deux tiers, il n'y en aurait donc pas ?

Enfin et surtout, il n'est jamais, absolument jamais, question des bénéfices, eux toujours tangibles, de l'usage de ces produits. Certes, ce n'était pas l'objet de la commande faite à l'Inserm, mais quelques mots sur leurs bénéfices sanitaires n'auraient pas nui.

Pour passer de l'agriculture à l'alimentation et en finir avec les résidus des pesticides dans les aliments, l'Agence européenne de sécurité des aliments a publié en mars 2013 un rapport sur leurs traces éventuelles dans l'alimentation. Le taux de conformité aux « limites maximum de résidus » est de 98,4 %. Rappelons que ces limites sont fixées à un niveau très inférieur aux limites toxicologiques (le rapport est toujours de 100, souvent de 1 000, soit 100 000 % !) si bien que même pour 1,6 % des produits testés où les limites sont dépassées, il est peu vraisemblable que ce dépassement des normes produise un quelconque effet pathogène. Soulignons aussi, n'en déplaise à certains, que cette même étude montre qu'il y a aussi un taux de dépassement de ces limites dans les produits issus de l'agriculture biologique : là aussi il y a des fraudes et donc des fraudeurs.

Une machine à faire peur qui tourne à plein régime

Lecteur de la presse depuis plus d'un demi-siècle, je suis frappé de la manière dont, au cours des années passées, à propos des questions d'écologie et d'environnement, l'opinion est de plus en plus souvent manipulée par le choix – et le non-choix – des sujets et des titres et je ne puis qu'admirer la manière aussi biaisée qu'hypocrite, à moins qu'elle ne soit inconsciente, dont beaucoup prétendent à l'objectivité.

Il est intéressant de voir ce que veut dire le quotidien qui titre : « Des traces de pesticides "sans risques" dans les assiettes européennes ». Bien entendu, tout l'article est annoncé par les guillemets du « sans risques[1] ». En effet, histoire de rappeler que l'on vit dans un monde inquiétant, l'article commence par évoquer le scandale de la viande de cheval, fraude massive s'il en est, mais sans danger sanitaire et qui peut même revêtir un aspect ironique si l'on a une mauvaise nature. Il est assez drôle en effet d'avoir fait manger du cheval à des Anglais car, dans l'échelle du dégoût britannique, il est vraisemblable que cela se rapprocherait d'avoir réussi à leur faire avaler de la chair de grenouilles dissimulée dans des *fish and chips* !

Pour revenir à l'article, après avoir rendu compte d'autres bonnes nouvelles : « 97,2 % des échantillons

1. D'ailleurs pourquoi un *s* ?

prélevés en 2010 présentent des résidus de pesticides inférieurs ou égaux à la limite légale[1] », la journaliste donne la parole à l'association Générations futures, association écologique, militant contre le nouvel aéroport de Notre-Dame-des-Landes, ennemie des OGM, à l'objectivité bien connue. Ce qui lui permet d'écrire : « L'association *Générations futures* estime que la contamination des aliments "reste à un haut niveau, avec 65 % et 39 % des légumes contenant des résidus" et qu'au total 26,6 % des échantillons de ce plan de surveillance contiennent des résidus de deux pesticides ou plus ».

L'Agence européenne de sécurité des aliments ne dit d'ailleurs pas autre chose, elle indique que 97,2 % des échantillons présentent des traces de résidus inférieurs ou égaux à la dose légale, elle ne dit pas que ces résidus sont toujours absents, mais, comme il s'agit de millionièmes ou de milliardièmes de grammes, qu'il ne faut pas s'en occuper. Puis-je suggérer que, tant qu'à inquiéter le lecteur, le journal ajoute la prochaine fois que tous les produits testés étaient radioactifs ? Ce qui est vrai mais, là encore, à des doses infimes de radioactivité, ni plus ni moins que les traces de pesticides.

La dose fait toujours le poison, même quand les doses sont infimes. En biologie mille fois un n'est jamais une fois mille, les effets ne sont pas linéaires.

1. Dont il faut se rappeler qu'elle est le plus souvent 1 000 fois plus faible que la dose toxique.

Boire un verre de dix centilitres d'eau ne tue pas, en boire cent litres est mortel ! Vingt suffiraient d'ailleurs. Recevoir sur le doigt de pied une boîte d'un kilo de petits pois fait mal, recevoir mille fois de suite un petit pois de un gramme est agaçant, mais indolore…

Aussi invente-t-on les effets cocktails et comme les recombinaisons entre substances sont infinies, le scientifique est désarmé et en toute logique le doute persiste. Certes, disent les adversaires des pesticides, une substance, quand elle est administrée seule, peut ne pas être toxique, mais elle peut le devenir si elle est associée à une autre, c'est l'effet cocktail. Peut-être, mais comme les combinaisons sont quasiment infinies, il sera impossible de les vérifier toutes. En effet, s'il n'y avait sur la planète que dix pesticides, les recombinaisons possibles seraient déjà égales à 3 628 800, s'il y en avait onze, on approcherait les quarante millions[1]. Les effets cocktails potentiels sont infinis et les effets répertoriés sont, à ma connaissance, peu nombreux. Quant à prétendre tester tous ceux qui pourraient exister, c'est strictement impossible.

Des cultures bientôt « orphelines »

Enfin, cette folie purificatrice a fait retirer du marché un très grand nombre de produits et, quand ils ne sont pas interdits par la réglementation, ce sont

1. Ce raisonnement s'applique aussi au médicament.

les industriels qui décident de ne plus les vendre. Ainsi, plusieurs cultures n'ont pratiquement plus de pesticides à leur disposition pour lutter contre leurs parasites et, si cela continue, il faudra investir dans le marché des épouvantails car ils seront les seuls admis pour protéger les cultures ! Quoique : comme ils peuvent faire peur aux enfants, on pourrait, par précaution, les interdire aussi !

Des cultures menacées de disparition par des interdictions successives de produits phytosanitaires

Si de nombreux produits sont retirés du marché, c'est du fait du coût des procédures demandées souvent pour la même substance. Une autorisation pour un pesticide doit être obtenue non seulement pour chaque culture, mais aussi pour chaque dose, pour chaque stade de développement de la plante, chaque mode d'application et le tout dans des conditions météorologiques précises… Autrement dit, deux utilisations du même produit, pour la même plante, vont requérir deux autorisations différentes si, par exemple, l'on souhaite pulvériser les feuilles de cette plante et en enrober la semence. De même, il faudra deux autorisations pour un même produit si le fabricant envisage une pulvérisation foliaire pour les choux et une autre pour les carottes ! Cela n'a aucune justification agronomique ou toxicologique, mais comme chaque dossier est coûteux, et certains marchés étroits, les firmes cessent de déposer des dossiers.

« Pour les consommateurs, les usages non pourvus[1] peuvent avoir des conséquences très importantes. Les pertes de récolte, parfois catastrophiques, et la diminution de la qualité, qui peut rendre le produit peu ou pas commercialisable, réduisent la quantité de marchandise disponible sur le marché. Ces deux facteurs entraînent une augmentation importante des prix. Cela signifie aussi devoir consommer plus de produits importés, dont on a moins de certitudes sur les méthodes de production, et avoir moins de choix de fruits et légumes[2]. » Quant aux producteurs, outre la tentation de la fraude pour éviter la perte de récolte ou la baisse de sa qualité, comme les mêmes règles ne s'appliquent pas partout, cela favorise les fruits et légumes provenant de pays moins rigoureux. Rappelons qu'en France, outre les déjà très contraignantes règles européennes, le plan « Écophyto 2018 » en édicte de supplémentaires !

Ainsi, en 2013, même s'ils ne sont que décoratifs, de nombreux palmiers centenaires sont abattus sur la Côte d'Azur car ils sont victimes du charançon rouge. Il existe un insecticide efficace, largement employé dans d'autres pays méditerranéens qui, en outre, a

1. Il s'agit de plantes sans pesticide autorisé à un stade de développement de la plante.

2. ForumPhyto, 9 mars 2012, www.forumphyto.fr/2012/03/09/les-usages-orphelins-usages-non-pourvus-usages-mineurs.

été validé par l'agence française compétente (Anses). Mais l'idéologie l'emporte sur le pragmatisme, et les partisans de la lutte biologique testent et retestent des champignons qui pourraient s'attaquer à cet insecte, sans succès. En attendant, les beaux palmiers qui bordaient naguère les allées et les plages meurent après avoir fait les délices de charançons aussi rouges que voraces.

Une bienfaisante maîtrise des toxiques

Si, au XIXe siècle, la santé des Occidentaux s'est améliorée (l'espérance de vie à la naissance a en effet gagné une quinzaine d'années entre 1800 et 1900), ce n'est pas grâce à la médecine – à l'époque encore dangereuse et inefficace – mais grâce à l'usage de pesticides au premier rang desquels on trouve l'eau de Javel. Au XXe siècle, les bienfaits sanitaires et économiques de ces produits, dont le nombre et la qualité n'ont cessé de croître, se sont toujours fait sentir. Mais ils sont aujourd'hui suspects. Ainsi, après de longues hésitations, l'eau de Javel a finalement permis, seule, d'éradiquer l'épidémie de choléra d'Haïti. Mais précaution oblige, il aura fallu cinq mille morts pour que les instances internationales se résolvent à utiliser ce vieux produit efficace et dangereux à certaines doses, mais que les humains ont appris à utiliser, ce qui n'élimine pas les accidents, notamment chez les enfants. Après le recul de la vaccination, l'interdiction du DDT pour lutter contre la malaria donne un autre exemple de situation où la précaution peut être fatale.

C'est donc une bien curieuse forme de pensée que celle qui prend l'accessoire pour l'essentiel. Je ne nie pas ici l'intérêt des études de toxicologie, bien au contraire, j'ai créé une école qui les enseigne[1], mais en agronomie, comme en médecine, il est rarissime d'avoir une substance chimique qui n'ait aucun effet secondaire. L'humanité progresse quand les bénéfices de ce que les chercheurs inventent dépassent les risques de ces mêmes inventions et, pour le mesurer, il y a des méthodes[2]. Certes, bénéfices et risques possibles ne sont pas toujours connus au moment de la découverte et même après de très nombreux tests, l'histoire de la médecine du dernier demi-siècle en donne plusieurs illustrations. Cela ne devrait pas conduire à la paralysie, mais à la prudence. Malgré ces erreurs le plus souvent imprévisibles, la médecine a progressé. Faudrait-il l'interdire parce que certains médicaments, à commencer par l'aspirine, sont dangereux ? Personne n'y songe. Pourquoi alors cet acharnement sur les pesticides ?

1. L'école Pasteur/Cnam de santé publique.
2. Méthodes dites : « coût/bénéfice » ou « coût/efficacité ».

Une perception biaisée des causes de cancer

Et pour en terminer avec la perception des causes de cancer, raison invoquée pour limiter l'usage des pesticides, voici ce qu'en disent les dernières études françaises. Les Français surestiment la mortalité par cancer, ils connaissent en revanche bien l'effet du tabac et de l'exposition au soleil sans protection sur la survenue des cancers. Toutefois, leur compétence s'arrête là[1]. En effet, 93,5 % pensent que certainement (53,9 %) ou probablement (39,6 %) « manger des aliments traités avec des produits chimiques favorise l'apparition d'un cancer », alors que le risque, quand il existe, est infinitésimal. Dans la catégorie des risques nuls, 79 % estiment que « vivre à côté d'une centrale nucléaire favorise certainement (44,9 %) ou probablement (34,3 %) l'apparition d'un cancer. Il en serait de même des antennes relais qui favoriseraient certainement (22,6 %) ou probablement (46,5 %) l'apparition d'un cancer ». Et bien entendu, toujours selon la même étude, les Français estiment être, sur ces sujets, bien informés ! L'ignorance se conjugue avec la prétention et… le rôle de la presse.

« Les facteurs avérés, entre autres la consommation de tabac et d'alcool, n'ont pas une présence en nombre d'articles correspondant à leur impact sur le déclenchement de la maladie. Ainsi :

1. La Ligue, Plan cancer, Observatoire sociétal des cancers, rapport 2012, juin 2013.

• le tabac, qui est la cause de 1 décès par cancer sur 4 en France, n'apparaît qu'en 5e position ;

• l'alcool, responsable de 1 décès par cancer sur 15, n'apparaît qu'en 13e position.

Certains facteurs de risque prennent une place disproportionnée par rapport à leur impact cancérigène. L'information est noyée par les articles présentant des facteurs variés, parfois fantaisistes », souligne le même rapport[1] qui poursuit en montrant qu'Internet n'arrange pas les choses. « Les risques oncogènes des traitements médicaux ont une place particulière sur Internet, qu'il s'agisse d'actes de prévention (par exemple la vaccination), d'actes diagnostiques (mammographie, radiographie) ou des traitements anticancéreux (radiothérapie, chimiothérapie, etc.) ou non (aspirine, insuline, etc.). On peut s'interroger sur l'impact de cette littérature sur un internaute qui la lirait avant d'effectuer des examens ou de prendre un traitement. La blogosphère militante y trouve un argument pour contester le système économique et les lobbies des laboratoires pharmaceutiques. Cette dénonciation prend souvent l'ascendant sur l'intérêt thérapeutique du traitement, ce qui peut représenter un risque de confusion pour le lecteur [...]. Sur Internet, c'est l'actualité, et plus particulièrement la diffusion des résultats d'études scientifiques, qui fait la notoriété d'un sujet. Les études scientifiques sont reprises par les médias généralistes, puis par les internautes et envahissent pendant un temps la Toile. »

1. P. 98 et 99.

Aussi, comme le précisait le Dr Catherine Hill, dans le « Baromètre cancer 2010 » : « Face à des informations confuses, contradictoires, non hiérarchisées, voire complètement infondées, la population peut opter pour des stratégies individuelles de prévention aux conséquences catastrophiques : ainsi parce qu'ils font de l'exercice physique, mangent cinq fruits et légumes par jour ou mangent bio, certains pensent que leur risque de cancer est réduit et en déduisent qu'ils peuvent continuer à fumer. Cela reflète une ignorance profonde de la hiérarchie des risques. » Je me souviens ainsi d'une journaliste, aussi sympathique qu'adepte du « bio », qui sortait de l'immeuble d'une radio nationale pour aller fumer, me disait-elle, l'une de ses soixante cigarettes journalières.

En attendant, on contraint les agriculteurs au nom de croyances infondées, on accroît le coût des produits frais et on améliore en rien la santé de la population. Une fois encore, les aliments « bio » sont plus chers et pas meilleurs pour la santé. Il arrive que, venant d'une zone maraîchère proche du lieu de consommation, ils soient plus frais et aient meilleur goût, mais il en serait de même pour des aliments non « bio » utilisant le même circuit de distribution.

Quant à l'avenir de certaines productions végétales sur le sol national, on peut craindre qu'elles disparaissent purement et simplement, faute de pesticides disponibles, car les industriels auront cessé de les vendre. À l'instar des médicaments, il y aura de plus en plus de pesticides « orphelins », c'est-à-dire des produits efficaces connus, testés, mais non fabriqués par les industriels, car le respect de la réglementation, souvent sanitairement infondée, coûterait trop cher à l'entreprise. On peut donc s'attendre à ce que certains légumes, qui étaient cultivés en France, soient importés et que, là où ils ont poussé, des pesticides interdits aient été utilisés à forte dose !

Combien de temps encore allons-nous payer le prix de notre obscurantisme et de notre prétention ?

Je ne voulais cependant pas terminer ce chapitre sans évoquer un problème écologique auquel certains pesticides pourraient contribuer, même si l'évidence scientifique en la matière est mince.

La disparition soudaine de ruches

Ce plaidoyer pour les pesticides n'implique pas une admiration béate du progrès et une ignorance des transformations des écosystèmes du fait de l'évolution des pratiques culturales de l'agriculture contemporaine.

Ainsi, en Europe, comme en Amérique du Nord, meurent de très nombreuses colonies d'abeilles. Si le premier suspect a été une nouvelle classe de pesticides (les néonicotinoïdes), des pays qui les utilisent peu (la France) ou pas (l'Australie) voient aussi disparaître des ruches entières, ce n'est donc pas la seule cause. Un parasite (le varroa) joue un rôle, le nombre limité de plantes cultivées, des pesticides y contribuent peut-être, comme, et peut-être surtout, la disparition d'apiculteurs expérimentés.

Certes la disparition des abeilles n'est pas encore pour demain, le nombre d'apiculteurs est, depuis quinze ans, stable en Amérique du Nord, mais il convient de chercher la cause de ces morts soudaines et, en attendant, trouver des solutions. Ainsi, Monsanto travaille sur une technologie qui interviendrait sur l'ARN du varroa et tuerait ce parasite[1].

J'imagine que pour certains écologistes politiques sauver des abeilles par la création d'un OGM parasite inventé par Monsanto doit être assez proche du cauchemar ; mais, en attendant le retour à des pratiques culturales anciennes et à la décroissance, pourquoi pas ?

1. « The plight of the honeybee », *Time*, 19 août 2013.

6

Énergie : des vérités partiales

De nombreux rapports et notes ont récemment traité de politique de l'énergie dont, notamment, l'Académie des sciences[1] qui, en termes à peine voilés, critique le flou du gouvernement en la matière.

« Concevoir un nouvel équilibre entre les énergies fossiles, l'énergie nucléaire et les énergies renouvelables nécessite la définition d'objectifs précis dans le cadre d'une politique énergétique rationnelle inscrite dans le temps, en s'appuyant sur les technologies existantes et sur les innovations rendues possibles par la recherche scientifique et technologique. » *Précis, rationnel, existant, inscrite dans le temps* semblent être en effet des qualificatifs peu familiers de nos équipes dirigeantes. Les auteurs de ce rapport poursuivent en précisant que « la transition souhaitée vers une réduction des énergies fossiles et vers une

1. « La recherche scientifique face aux défis de l'énergie », *Rapport de l'Académie des sciences*, Edp sciences, 2012.

plus grande insertion des énergies renouvelables fera apparaître des difficultés considérables qu'il faudra envisager avec réalisme.

On ne pourra pas se contenter d'approximations pour assurer l'équilibre entre la demande et la production et il faudra réussir à faire comprendre que cet équilibre ne pourra être atteint sans la résolution de problèmes scientifiques et techniques majeurs. » Là encore, évoquer des « difficultés considérables » et les « envisager avec réalisme » sont des manières courageuses de tirer le signal d'alarme.

En traduisant, quand l'Académie des sciences indique que l'équilibre imaginé par le gouvernement ne pourra être « atteint sans la résolution de problèmes scientifiques et techniques majeurs », cela veut dire que, pour l'instant, les conditions scientifiques et techniques des ambitions politiques n'existent pas. C'est aussi ce que signale Gilbert Ruelle, membre de l'Académie des technologies, en se demandant si l'opinion et l'expertise sont compatibles dans ce débat[1].

À son tour, et à plusieurs reprises[2], la Fondation pour l'innovation politique souligne l'importance de la dimension économique de cette question. Les

1. Gilbert Ruelle, « La doxa et l'expertise seront-elles conciliables dans la transition énergétique ? », *Note interne de l'Académie des technologies*, 28 avril 2013.

2. Rémy Prud'homme, « Politique énergétique française : les enjeux et les stratégies », *Fondapol*, 2012 ; Albert Bressand, « Transition européenne : bonnes intentions et mauvais calculs », *Fondapol*, 2013.

Français ne devraient pas longtemps y rester insensibles si leur note d'électricité continue de croître à la vitesse actuelle pour, nous dit-on, financer les énergies renouvelables.

Nous n'avons pas l'intention, dans les lignes qui suivent, de couvrir l'ensemble de la politique énergétique, mais simplement de montrer, là encore, le décalage entre les faits avérés et les croyances qui, plus fortes que ces faits, expliquent les orientations politiques.

Le thème de l'énergie est universel. Il intéresse tous les hommes de la planète. Il est aussi au cœur de la diplomatie, car il structure depuis plus d'un siècle la géopolitique mondiale. Il est enfin national car chaque pays se trouve dans une situation spécifique du fait de ses ressources naturelles et des décisions politico-techniques prises au cours du siècle passé. Ainsi, en la matière notamment, il est ridicule de comparer la France à l'Allemagne car les systèmes énergétiques de ces deux pays sont très différents. On peut d'ailleurs se demander s'il peut exister dans ce domaine une politique européenne tant les intérêts des pays qui constituent cette entité sont objectivement divergents, leur système énergétique n'ayant pas eu la même histoire.

La question de l'énergie passionne. Ceux qui en disposent à volonté – j'allais dire inconsciemment – s'inquiètent essentiellement de son prix ; les autres, les habitants des pays émergents, se soucient certes davantage du coût de cette ressource encore plus élevée pour eux, mais ne rêvent que d'en disposer sans contrainte pour regarder la télévision, brancher leur téléphone portable, accéder à Internet, soulager les femmes des corvées d'eau et du lavage du linge, allumer le radiateur ou le climatiseur… L'énergie est le sang des sociétés contemporaines. Pour paralyser l'ennemi potentiel, les militaires réfléchissent d'ailleurs à des bombes qui grilleraient tous les systèmes électroniques et, ce faisant, arrêteraient la distribution d'électricité et donc les ordinateurs, les téléphones portables, les réfrigérateurs…

Revoyant Beyrouth au début des années 1990, juste après la guerre du Liban, je découvrais les fils électriques qui couraient dans la ville et formaient des écheveaux arachnéens. Des milliers de groupes électrogènes alimentaient habitations, échoppes et garages et les fils de connexion tissaient des toiles dont on aurait aimé comprendre la logique. Qui les constituait ? Qui payait quoi ? Y avait-il, là aussi, des clivages religieux ?… Le début de la paix était aussi le retour de l'énergie.

De l'énergie humaine aux énergies renouvelables : les dimensions de la politique de l'énergie

Du temps de l'Empire romain, un petit nombre d'hommes vivaient dans des conditions de confort comparables à celles que la majorité des Occidentaux connaissent aujourd'hui alors qu'ils ne disposaient pas d'électricité. L'énergie, car eux aussi en consommaient, était celle de leurs esclaves, elle était animale et humaine, de fait essentiellement humaine car les chevaux et les ânes devaient eux aussi être nourris. À part l'énergie hydraulique, toute l'énergie provenait du travail des hommes et de la biomasse.

Les ressources géologiques

Si ces conditions de vie ne sont plus réservées à quelques riches privilégiés esclavagistes, c'est parce que les hommes ont maîtrisé l'usage d'autres énergies qu'elles soient stockées dans le charbon, le pétrole, le gaz, ou disponibles dans le courant des fleuves et de la mer, dans le vent, dans les rayons du soleil ou dans l'uranium. Utilisant au cours des deux derniers siècles l'énergie fossile, emmagasinée au cours des temps géologiques, on a pu craindre son rapide épuisement ; il a d'ailleurs été annoncé pour cette deuxième décennie du XXIe siècle par des « experts » aussi catégoriques qu'inquiétants. Le « pic pétrolier », moment où la demande dépasserait la capacité de production des puits connus, était – nous affirmait-on – pour aujourd'hui. Certes, par essence, si j'ose dire, ce « pic » arrivera un jour, mais l'on découvre encore de nouveaux puits, de nouvelles roches qui contiennent du pétrole (les schistes bitumineux notamment) et de nouvelles sources de gaz que l'on peut liquéfier. Quant au charbon, on peut le brûler pour produire de l'électricité, mais aussi le gazéifier et… liquéfier le gaz ainsi produit ; or les réserves connues de cette roche combustible représentent au moins deux siècles de consommation, au rythme actuel.

L'aspect économique

Remarquons que le raisonnement géologique seul ne tient pas, car pour parler d'une éventuelle « pénurie » la dimension économique est essentielle. Ainsi, me semble-t-il, depuis que les hommes sont fascinés par ce qui brille, il existe une grave « pénurie » d'or et de diamant, mais on trouve toujours à en acheter à un certain prix. Si une ressource se fait rare, son prix augmente et, par voie de conséquence, les autres sources d'énergie, ou les investissements en économie d'énergie, deviennent attractifs. Cette remarque est élémentaire, mais semble ne pas être inutile à rappeler ici.

Produire de l'énergie est toujours dangereux, parfois fatal

Être mineur dans une mine de charbon est un métier à risque : éboulis, coup de grisou, silicose… cette occupation a toujours été dangereuse et trop souvent mortelle. De surcroît, les émanations de la combustion du charbon polluent l'air avoisinant et favorise ainsi chez tous ceux qui respirent cet air vicié le développement de maladies respiratoires. Les plus anciens se souviennent du *fog* londonien ; quant aux plus jeunes qui désireraient se faire une idée de ce que peut être une ville à l'air pollué, il suffit de prendre l'avion et de séjourner quelques jours sans vent dans une grande ville chinoise.

L'effet de serre

À cette dimension sanitaire s'est ajoutée depuis environ un quart de siècle une considération climatique. Toute combustion qu'il s'agisse de bois, de paille ou d'énergies fossiles s'accompagne de rejet de gaz carbonique dans l'atmosphère. Ce gaz carbonique produit un effet de serre qui contribue au réchauffement climatique. Personne n'en disconvient, même s'il existe sur ce thème des débats scientifiques pour le moins animés. Ils portent, non pas sur le fait lui-même, mais sur l'importance de la contribution humaine à ce réchauffement. Sans entrer dans ce débat, remarquons que la presse française a choisi quasi exclusivement le camp des « réchauffistes », autrement dit celui de ceux qui estiment que le réchauffement de la Terre est dû pour l'essentiel à l'action de l'homme[1]. Ce choix scientifique légitime dans l'opinion des mesures techniques et fiscales toujours coûteuses, rarement efficaces, à supposer qu'elles soient utiles[2]. Quant à l'énergie

1. *Le Point*, daté du 12 septembre 2013, est une exception. Sur deux pages, ce magazine accorde une longue interview à François Gervais, physicien et auteur de *L'Innocence du carbone*, publié chez Albin Michel en 2013. Il rappelle que l'eau est le principal gaz à effet de serre et qu'« on ne change pas le climat par des lois et des taxes ».

2. Lire notamment les déclarations du grand physicien anglo-américain, Freeman Dyson, dans par exemple : *The New York Review of Books*, 12 juin 2008. Il affirme que les points de vue en matière de réchauffement

nucléaire, elle ne pollue qu'en cas d'accident, nous y reviendrons, mais représente de considérables dangers potentiels.

La demande ne va pas cesser de croître : l'exemple de l'air conditionné

L'énergie électrique utilisée pour l'air conditionné aux États-Unis est supérieure à toute l'énergie consommée en Afrique ! En outre, seule, elle a été la cause du doublement de la consommation d'énergie entre 1993 et 2005[1] aux États-Unis, ce qui a contribué, chaque année, au rejet dans l'atmosphère de 500 millions de tonnes de gaz carbonique. Mais, comme l'a montré William Nordhaus, économiste américain, la productivité du travail augmente quand la température décroît et, surtout, la climatisation fait baisser la mortalité. En France, depuis la canicule de 2003 les maisons pour personnes âgées sont d'ailleurs contraintes d'offrir à leurs hôtes des pièces rafraîchies. Mais ces bienfaits ne se limitent pas aux cas extrêmes et aux jours particulièrement chauds. Une étude californienne montre ainsi que « quand le taux d'équipement en climatiseur augmente de 10 %,

de la planète sont, à ce stade, plus religieux que scientifiques, que les modèles utilisés par les experts sont faux et que « l'environnementalisme a remplacé le socialisme comme religion contemporaine ». Il serait intéressant, en France, de présenter les arguments qui justifient ses dires, ne serait-ce que pour en débattre.

1. *The Economist*, « No Sweat », 5 janvier 2013.

la mortalité cardio-vasculaire baisse de 0,76 %, et celle des maladies respiratoires de 0,52 % chez les personnes de plus de 65 ans. Pour des lieux moins bénis que la Californie, où existent des risques de maladies transmises par les insectes comme la dengue ou la malaria, où, de surcroît, il y a une forte présence de toxines dans l'air, les bénéfices d'une plus grande utilisation de l'air conditionné en seraient très supérieurs[1] ». La demande va donc croître. Certes les appareils sont de plus en plus efficients, certes il serait envisageable, avec d'autres formes d'architecture, de minimiser cette source de consommation d'énergie, mais elle va être majeure et accompagnera le boom économique des pays du Sud.

On construit donc des centrales thermiques au charbon ou au gaz pour répondre à la demande. La panne gigantesque qui a frappé l'Inde en 2012 est notamment venue du désir croissant de la classe moyenne de bénéficier de ce confort et cette demande ne va pas diminuer si la température moyenne de la Terre augmente.

La situation de la France

La France a fermé la quasi-totalité de ses mines de charbon, elle n'a jamais eu beaucoup de pétrole[2], elle pourrait avoir du gaz, mais nous ignorons en quelle

1. *The Economist*, article cité.
2. Il y en eut ainsi que du gaz à Lacq, exploité par des méthodes de fracturation hydraulique.

quantité du fait des moratoires portant sur l'exploration de la présence de gaz de schiste[1]. Elle importe donc 98 % de son gaz et 99 % de son pétrole et de son charbon. Toutes ses énergies fossiles représentent des importations d'un montant annuel de 68,5 milliards d'euros en 2012 (dont 54,5 milliards de produits pétroliers), soit l'équivalent du déficit de la balance commerciale française (67 milliards d'euros en 2012). Seule l'électricité a un bilan légèrement positif (1,9 milliard d'euros) car la France exporte plus d'électricité qu'elle n'en importe. Pour être parfaitement objectif et précis, il faut déduire de ce chiffre l'importation d'uranium (de l'ordre de 1 milliard d'euros[2]).

Si sa production d'électricité est légèrement excédentaire c'est que la France a fait le choix de l'hydraulique et, surtout, plus récemment, du nucléaire.

Ainsi, selon EDF, quatre cinquièmes de l'électricité française proviennent des centrales nucléaires.

---

1. Le prétexte des éventuels effets de la fracturation hydraulique sur les sols, s'ils existent, pour interdire jusqu'au recensement des ressources françaises en gaz de schiste est un modèle de propagande réussie. En effet, pourquoi le fait de creuser une mine, autrement dit d'enlever complètement le sol en y faisant un trou, serait acceptable et pulvériser une roche qui demeure sur place une fois le gaz échappé et le fuel pompé, le serait moins ? Quant à l'eau utilisée pour ce faire elle est quantitativement négligeable. Par ailleurs, les mécanismes de dépollution sont au point et la nappe phréatique n'est pratiquement jamais touchée, sauf quand il y a une fuite dans les tuyaux. En effet, le plus souvent, la roche fracturée est à plus de 1 500 mètres en dessous de la nappe. Elle n'est donc pas touchée, sauf par les tuyaux, le plus souvent étanches, qui la traversent.

2. www.connaissancedesenergies.org/quel-est-le-montant-de-la-facture-energetique-francaise-120328.

Quant à la consommation d'énergie, elle concerne trois grands domaines : le transport, le bâtiment et la production d'électricité qui elle-même fournit le transport, le bâtiment mais aussi des usages industriels et domestiques.

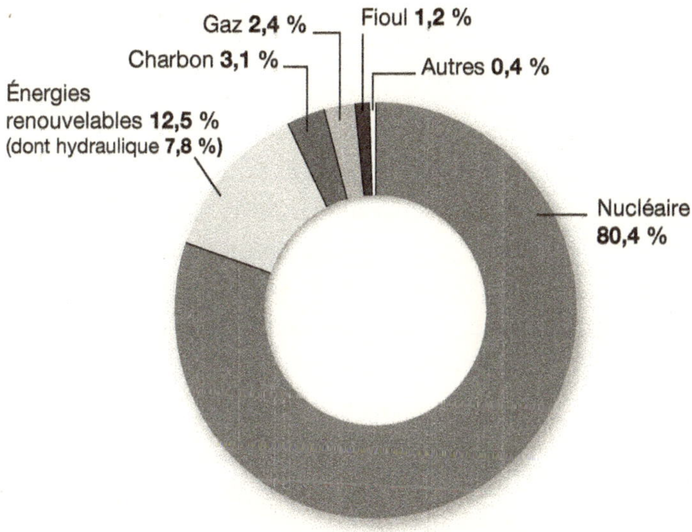

Origines de la production d'électricité en France pour l'année 2012 (source : EDF)

La part considérable du nucléaire et de l'hydraulique (88,2 %) dans la fabrication de l'électricité française explique pourquoi on ne rejette en France que 65 grammes de gaz carbonique par kilowattheure, alors que l'Allemagne en émet 561 grammes, soit presque neuf fois plus ! En effet, les centrales nucléaires en production ne rejettent aucun gaz à effet de serre, ce qui n'est pas le cas des centrales au charbon et au gaz, qui sont les compléments indispensables de toutes formes d'énergies alternatives. On aura beau dire et beau faire, les éoliennes ne tournent que quand il y a du vent et les piles photovoltaïques ne produisent de l'électricité que quand il fait jour, or notre consommation électrique ne dépend ni du vent ni du soleil. Elle est de surcroît particulièrement forte en fin de journée, les soirs d'hiver, alors qu'il n'y a jamais de soleil et pas toujours de vent, d'où l'importance des centrales thermiques au gaz ou au charbon dans les pays dont la part des énergies renouvelables est important. Quant au système électrique français, il est donc pour l'essentiel « décarboné », comme l'on dit aujourd'hui, autrement dit : il ne rejette pas de gaz à effet de serre. Il est aussi, c'est à la fois son mérite et ses défauts, très centralisé.

La France n'est pas l'Allemagne

En revanche le système allemand est lui très décentralisé, car chaque Land a sa politique énergétique. Il est aussi très carboné. Il le sera encore plus avec l'arrêt annoncé des centrales nucléaires. Aussi, au mieux, ce n'est qu'en 2050 que l'électricité allemande, peut-être, rejettera aussi peu de gaz carbonique par kilowattheure que l'électricité française ! Elle n'en prend pas le chemin car, en attendant, 45 % de l'électricité allemande est produite par des centrales thermiques au charbon (3,1 % en France). En outre quand, dans ce pays, l'on ferme les centrales nucléaires et que le prix du charbon est bas, cette source est bien entendue privilégiée pour répondre à la demande des usagers. Aussi en 2012, le rejet de gaz carbonique par les Allemands a-t-il augmenté de 2 % ! Et ce n'est pas tout car, au même moment, le prix de l'électricité augmentait également en Allemagne. Cela est la conséquence directe de la garantie tarifaire donnée aux producteurs d'énergie renouvelable. Enfin, « des villages vont être rasés pour laisser place à des nouvelles mines de charbon, un combustible très polluant[1] ». Il n'y a donc pas que le nucléaire qui stérilise des sols et, contrairement à la journaliste qui fait ce constat, je ne vois pas en quoi les effets de la politique allemande en matière d'énergie seraient « pervers » ? Regrettables, ils le sont certainement, mais ils étaient on ne peut plus attendus[2].

On n'a donc pas très envie, dans ce domaine notamment, de recevoir de leçons de notre puissant voisin. Si sa part d'énergie renouvelable s'accroît plus vite que la nôtre, et si à ce titre la Commission européenne tresse à l'Allemagne des couronnes de laurier, on ne voit pas très bien en quoi un système onéreux et polluant pourrait être un modèle !

En effet, et il faut encore une fois le souligner, quand il n'y a pas toujours de vent et jamais de soleil, au moment de la forte pointe de consommation de 19 heures les soirs d'hiver, il faut cepen-

1. Cécile Boutelet, « Les effets pervers des choix énergétiques allemands », *Le Monde Économie et entreprise*, p. 3, 24 août 2013.
2. Jean de Kervasdoué, *Les prêcheurs de l'apocalypse*, *op. cit.*

dant répondre à la demande des usagers ; alors, les centrales thermiques se mettent en marche et produisent de l'électricité et… du gaz carbonique et les Allemands construisent des centrales thermiques au charbon.

L'électricité ne se stocke pratiquement pas. Sa consommation est ce qu'elle est et fluctue fortement selon les mois, les jours et les heures de la journée. Un système centralisé peut alors prévoir, avec peu de surcapacités, une production qui s'adapte bien aux fortes variations de la demande.

Pour ce qui est de la production d'électricité à partir du vent, des marées et du soleil, elle dépend… du vent, des marées et du soleil et pas de l'usage qu'en font les hommes. Elles ont leur logique propre. Aussi, quand elles produisent à plein, elles ne sont pas toujours d'une grande utilité car la consommation à cette heure-là peut être faible ; en outre, pour accueillir leur électricité dans le réseau, il faut des câbles qui laissent passer leur rendement maximal, même si le rendement moyen est faible. Comme les éoliennes et les capteurs d'énergie solaire ne fonctionnent pas à plein temps, ces câbles sont surdimensionnés. « Un éolienne, en Europe, produit au niveau du quart ou du tiers de sa puissance installée (comme si elle fonctionnait un quart ou un tiers du temps et à pleine puissance). Pour le solaire, le ratio est en moyenne de 12 % seulement. Le “crédit de capacité” (capacité sur laquelle on peut compter au moment des pointes de la demande) est de l'ordre de 5 % de la puissance installée pour l'éolien allemand et diminue avec la part de l'éolien dans le mix. Pour le solaire le crédit de capacité est nul pour la plupart des pays d'Europe[1]. » Donc, quand on favorise ce type d'énergie, il faut surinvestir pour compenser les pannes de vent et les jours sans soleil. Autrement dit, cela coûte cher, très cher, car le surinvestissement nécessaire est d'un facteur quatre.

Ainsi, toujours en Allemagne, on envisage de faire traverser le pays par de très puissantes et très onéreuses lignes électriques à haute tension car, si le vent est dans le Nord du pays, les consommateurs sont eux surtout dans le Sud ! Mais ce n'est pas tout, les surcapacités, comme les pannes, sont difficiles à gérer si bien que quand il y a beaucoup de vent et peu de demande d'électricité, cette offre est inutile. Pourtant, en vertu des contrats qui lient les fabricants d'électricité verte et les distributeurs, cette électricité subventionnée doit être achetée, si bien que, parfois, le réseau allemand paye des utilisateurs étrangers pour utiliser ce courant dont plus personne ne veut en Allemagne ! Elle revend donc à perte. Le surcoût de cette électricité était de 8 milliards d'euros en 2010, il est de 20 milliards en 2013 et sera de 1 000 milliards (oui, il s'agit bien de 1 000 milliards) en 2040, si rien ne change d'ici là.

Pour l'usager domestique, l'électricité est 87 % plus chère en Allemagne qu'en France ; cette différence est de 52 % pour les usagers industriels, toujours en défaveur de l'Allemagne. Les industriels d'outre-

1. Albert Bressand, voir note citée, p. 120.

Rhin s'en inquiètent et commencent à délocaliser les industries fortes consommatrices d'énergie. Enfin, soulignons que, comme le coût de l'électricité est relativement plus cher pour les plus pauvres, il s'agit là d'un impôt régressif : les pauvres payent proportionnellement plus que les riches ! Où est, dans ce domaine, le « modèle » allemand ?

On saisit par ailleurs, pour la France, le danger technique de toute interconnexion avec l'Allemagne. Certes, nos centrales nucléaires peuvent venir au secours des réseaux allemands quand les énergies renouvelables sont en panne de production outre-Rhin ; mais, plus nous serons interconnectés, plus nous subirons les conséquences d'un système allemand qui est déjà et sera de plus en plus erratique et producteur de gaz à effet de serre. Remarquons encore que, pour ce qui est du rejet de gaz à effet de serre, du fait de la nécessité d'associer énergies renouvelables et systèmes de sécurité le plus souvent thermiques – à moins qu'il n'existe des barrages hydrauliques assez puissants pour que l'on puisse les ouvrir et les fermer au rythme de la consommation – plus d'énergie renouvelable veut donc dire, du fait de la nécessaire sécurité d'approvisionnement, plus d'effet de serre !

Une contribution infime au réchauffement de la planète

La Commission européenne indique que la contribution de l'Union aux rejets mondiaux de gaz à effet de serre n'est que de 11 %[1] et que le système électrique seul n'en représente qu'environ 4 % aujourd'hui et n'en représentera que 2 % en 2050. Si la production d'électricité européenne était décarbonée à 90 %, comme l'est la France aujourd'hui, quelle serait sa contribution à l'effet de serre ? Pour répondre à cette question, Albert Bressand se livre à un calcul parlant[2]. « Or décarboner de 90 % le système électrique européen ne réduirait l'accroissement de ce **stock atmosphérique néfaste** que de 0,9 % au mieux... Tout se passera comme si les émissions n'avaient pas eu lieu pendant 118 jours... on peut dire que le réchauffement au 31 décembre 2050 sera, au plus, ce qu'il aurait été sans transition électrique en septembre de la même année. » Il s'agit dans ce calcul de toute l'Europe, pour la France seule, ce serait quatre fois moins, soit à peine un mois et donc, pour le réchauffement, il interviendrait le 1er décembre 2050 au lieu du 31 décembre de cette année-là. Le fait qu'il fasse un peu plus chaud en décembre 2050 et que l'on est alors un peu moins besoin de chauffage vaut-il des milliers de milliards d'euros ?

1. http://ec.europa.eu/energy/green_paper_2030_fr.htm.
2. Albert Bressand, voir note citée, p. 120.

Une transition qui, financièrement, ne passera pas inaperçue

La transition énergétique française qui se substituerait au nucléaire, à l'instar de l'Allemagne, accroîtrait le rejet de gaz à effet de serre et coûterait d'ici à 2030 plus de 400 milliards d'euros ! Mais la note est encore plus astronomique pour le contribuable européen qui devrait payer de 3 à 4 000 milliards d'euros[1] d'ici à 2050 pour un impact climatique, nous l'avons vu, limité. Et, pour finir avec cet aspect, à la baisse européenne d'émission de gaz à effet de serre est associée une forte croissance des importations très carbonées elles, en provenance de Chine et d'ailleurs. Ces pays ont pourtant déjà reçu de l'Europe plus de 215 milliards d'euros pour les accompagner dans leur « transition énergétique », mais ces pays n'acceptent aucune contrainte et notamment pas de quotas de carbone pour les vols internationaux passants par l'Europe. L'émission de gaz carbonique mondial croît à un rythme annuel d'environ 4 %.

Une politique européenne confuse

Aujourd'hui, dans ce domaine, l'Union européenne et, à sa suite, la France s'emmêlent les concepts et bâtissent des politiques contradictoires en vou-

1. Deux fois la production intérieure brute actuelle de la France !

lant d'une part organiser un très discutable marché concurrentiel de l'électricité et d'autre part favoriser à tout prix, au sens littéral, les énergies renouvelables. Pourtant, comme dans le domaine ferroviaire, les bienfaits de la concurrence en matière d'électricité sont plus fondés sur des croyances que sur des résultats empiriques et restent à démontrer. En effet, organiser la concurrence dans ces deux secteurs est techniquement artificiel[1] et donc complexe ; de plus les marchés privilégient toujours le court terme et ne valorisent pas les investissements considérables de ce type de production. Cela est illustré par les black-out californiens de 2000 et 2001 car, entre autres, les tarifs de l'électricité de cet État américain étaient plafonnés et les compagnies n'avaient pas suffisamment investi.

Mais revenons encore à l'Allemagne qui distribue des rentes aux propriétaires de toitures en obligeant les distributeurs à acheter l'électricité solaire, quels que soient les besoins du réseau, et paye cette rente avec de la dette. Quant à la France, elle favorise la construction d'éoliennes en mer, source d'électricité au moins trois fois plus onéreuse que les autres sources décarbonées, dont les éoliennes terrestres qui commencent à pouvoir se passer de subventions. De fait, le plus souvent, il s'agit de favoriser à tout prix des secteurs industriels dont profitent un peu Alstom mais surtout l'Allemagne et… la Chine. Enfin, ces

1. Il n'y a qu'un réseau de voies ferrées et un réseau de lignes électriques.

très fortes subventions aux énergies renouvelables distordent le marché. Même si le seul critère était le rejet de gaz carbonique, il est vraisemblable que beaucoup de ces aides seraient mieux utilisées si l'on cherchait à optimiser les émissions des centrales thermiques au gaz, au charbon et au fuel, sans parler des recherches sur les techniques d'enfouissement de ce gaz. En attendant, c'est le consommateur qui paye ces énergies non compétitives et souvent polluantes.

L'énergie nucléaire : des risques connus et mesurés avec de considérables bénéfices

Avant d'évoquer la politique française, il convient enfin de revenir, une fois encore, sur la dangerosité de l'énergie nucléaire. Il n'y a, à ma connaissance, aucun autre sujet où la perception des faits est aussi éloignée de la réalité. En effet, si l'on se livre à une comptabilité macabre et qu'on mesure le nombre de morts mondiaux par térawatts-heure[1] (TWH), l'énergie la moins dangereuse, et de loin, est l'énergie nucléaire[2]. Selon cette source le charbon a, à son tableau, 161 morts par TWH (278 en Chine, mais 15 aux États-Unis), la biomasse 12, le gaz 4, l'hydraulique 1,4, le solaire 0,44, l'éolien 0,15 et le nucléaire

1. Unité de mesure de la puissance électrique, soit un million de millions de wattheures ou encore mille gigawatts-heures soit dix à la puissance douze wattheures.

2. http://nextbigfuture.com/2011/03/lowering-deaths-per-terawatt-hour-for.html.

0,04, soit plus de 4 000 fois moins que le charbon ! La Chine déclare chaque année 1 500 morts directs dans ses mines, sans compter l'impact considérable du charbon sur la pollution atmosphérique et les morts qu'elle induit chez les habitants des grandes villes chinoises. Entre 1970 et 2000, l'OCDE indique qu'on peut enregistrer la mort de 41 000 mineurs de charbon dans le monde, chiffre vraisemblablement sous-estimé[1].

Je sais, de longue expérience, que la faible mortalité due à l'électricité nucléaire est incroyable au sens propre du terme, même si elle est aussi véridique que vérifiable, notamment auprès de l'Organisation mondiale de la santé (OMS), qui a publié le rapport de référence sur les effets sanitaires de la catastrophe de Tchernobyl[2]. Il précise que, depuis 1986, le nombre de décès directs des travailleurs de la centrale, des liquidateurs et des habitants, non seulement de la zone mais encore des pays proches, est de moins de 80 personnes. Quant aux maladies radio-induites par cette catastrophe, elles toucheront, sur une période de cinquante ans, de 4 000 à 16 000 personnes, selon les modèles. Ces estimations sont conformes à celles que j'avais pu calculer.

En 1992, avec mes équipes de l'époque, nous avons essayé de mesurer les conséquences sanitaires de la catastrophe de Maïak, survenue en 1957 dans cette ville de l'Oural. Des fûts contenant des radio-

1. Bernard Durand, « Les dangers du charbon », *www.sauvonsleclimat.org*, novembre 2011.
2. www.who.int/mediacentre/factsheets/fs303/fr.

éléments avaient explosé, projetant dans l'atmosphère de grandes quantités de matières radioactives. Cette explosion chimique tua sur le coup environ 200 personnes, 10 000 furent évacuées et environ 500 000 furent exposées aux rayonnements de ces matières radioactives jusqu'à l'époque de l'étude, soit durant trente-cinq années. Si les Soviétiques avaient déplacé la ville sur la carte, les habitants eux étaient restés sur place ! Aussi, au début des années 1990, nous nous attendions à pouvoir trouver de nombreuses personnes atteintes de maladies radio-induites – dont des leucémies – et à découvrir un nombre tristement significatif d'enfants malformés. Cela n'a heureusement pas été le cas ; je dois le dire à ma très grande surprise. Il n'y avait aucune évolution des malformations et si le nombre de leucémies était légèrement supérieur à celui des villes comparables, la différence n'était pas significative.

Quant à Fukushima, 20 000 personnes sont mortes noyées par le tsunami, trois ont perdu la vie du fait de l'explosion d'un réacteur et, pour l'instant, aucun décès ne peut être attribué aux effets de la radioactivité, aucun ! Une trentaine d'employés de l'entreprise exploitant la centrale ont reçu une dose de rayonnements comprise entre 100 et 250 millisyverts[1] (mSv) et une dizaine une dose entre 250 et 500 mSv du fait de masques mal ajustés. Ces doses sont importantes, mais en dessous des doses ayant des effets biologiques déterministes, autrement dit cela

1. Unité de mesure de l'effet biologique des radiations.

peut induire des maladies chez certains d'entre eux, mais pas nécessairement sur tous[1]. La population, elle, n'a reçu que de très faibles doses. L'OMS, de nouveau, le confirme. « Selon les conclusions d'une évaluation exhaustive d'experts internationaux sur les risques pour la santé de la catastrophe survenue à la centrale nucléaire de Fukushima Daiichi (Japon), les risques prévus sont faibles pour l'ensemble de la population à l'intérieur et à l'extérieur du Japon. Pour cette dernière, aucune augmentation observable des taux de cancer n'est prévue par rapport aux taux de référence[2]. »

À Fukushima, comme à Tchernobyl, les conséquences de ces deux drames sont environnementales et psychologiques. L'histoire dira si les hommes reviennent vivre autour de ces centrales ; mais la vie, elle, est bien là, si l'on en croit les commentaires de journalistes indépendants et les films tournés dans ces zones interdites[3].

1. Maurice Tubiana, *Arrêtons d'avoir peur !*, Michel Lafon, 2012.

2. www.who.int/mediacentre/news/releases/2013/fukushima_report_20130228/fr.

3. Mary Mycio, « La majorité des scientifiques s'accorde à décrire la zone d'exclusion comme une réserve naturelle accidentelle. Cette conclusion semble induire que les radiations seraient moins nocives pour la faune que nous ne le sommes... Ces études [dans la forêt rouge proche de Tchernobyl] ont mis en lumière une diversité et une abondance de mammifères équivalente à celle observée dans des réserves naturelles, avec la présence d'espèces rares, comme des ours, des lynx, des loutres de rivière, des blaireaux et même des troupeaux de bisons européens et de chevaux de Przewalski (qui y ont été réintroduits). La diversité chez les oiseaux est encore plus grande. On a répertorié 61 espèces rares : les cygnes chanteurs – que personne n'avait jamais vus dans la région – y apparaissent régulièrement. », www.slate.fr/story/67671/animaux-tchernobyl-radioactif.

Bien entendu, l'énergie nucléaire n'est pas sans danger. En outre, elle accumule des déchets radioactifs qui sont sujets d'inquiétude, même si la sécurité des stockages provisoires est satisfaisante et la solution du stockage souterrain, solution la plus couramment envisagée, convaincante par le degré de sécurité qu'elle procure. Mais cette source d'énergie est aussi la moins coûteuse, elle n'émet pas de CO_2, elle consomme peu d'espace au sol compte tenu de l'énergie produite, et promet d'importants développements technologiques en permettant de recycler une partie de ce qui est aujourd'hui qualifié de « déchet », à savoir le plutonium dit « civil ».

Toute énergie est force

Au lendemain de Fukushima, je voyais manifester à Paris de jeunes Japonaises qui brandissaient une pancarte sur laquelle il était écrit : « *soft energy* » ! Oui, certes, il vaudrait mieux… mais l'énergie n'est pas douce et ce slogan est un oxymore. Si Mme de Sévigné voyageait pendant dix-sept jours pour se rendre chez sa fille qui habitait Grignan, petite ville de la Drôme, le TGV met aujourd'hui moins de trois heures pour se rendre à Montélimar, ville proche de Grignan. On va donc aujourd'hui au moins cent cinquante fois plus vite, or les dépenses d'énergie engagées sont proportionnelles à ce gain de temps. Certes, il existe de l'énergie décentralisée qui ne mobilise pas de forces considérables, comme l'énergie solaire, mais beaucoup d'usages de l'électricité nécessitent de grandes puissances et toutes ces manières de produire de l'électricité, moins condamnables que de recourir à l'énergie humaine par… l'esclavage, font ce que nous sommes devenus.

Une politique française difficilement compréhensible

Durant la campagne électorale 2012, le candidat François Hollande a fait connaître ce que serait sa politique énergétique. Ses orientations ont été confirmées depuis son élection. Il souhaite, pour la production d'électricité, ramener la contribution des centrales nucléaires à 50 % en 2025, fermer la centrale de Fessenheim, subventionner l'isolation thermique d'un million de logements et s'interdit d'aller explorer l'existence de gaz de schiste sur le territoire national en invoquant la pollution potentielle du soussol par les méthodes de fracturation hydraulique.

Des objectifs, mais pas de principe

Remarquons tout d'abord la nature même de ces engagements. Alors que le président Obama définit sa politique par des principes comme l'indépendance énergétique des États-Unis ou l'amélioration de l'emploi, le président Hollande ne définit pas de principe d'action, mais choisit des mesures opérationnelles dont on a du mal à comprendre la logique.

À l'évidence cependant, l'indépendance énergétique n'est pas un de ses objectifs si l'on en juge d'une part par son interdiction d'explorer et, *a fortiori*, d'exploiter le gaz de schiste et, d'autre part, par sa volonté de réduire la part du nucléaire dans la production d'électricité. *De facto* il plaide plus pour la dépendance extérieure (gaz et charbon importés, éoliennes et panneaux photovoltaïques allemands ou chinois) que pour l'indépendance. Il ne favorise pas non plus, tout au moins dans ce domaine, l'emploi ou la croissance, comme il l'affirme par ailleurs *urbi et orbi*. L'exemple américain montre en effet que l'exploitation du gaz de schiste a permis d'accélérer la croissance des États-Unis entre 0,5 et 1 % de son PIB par an depuis cinq ans ; ce ne sera pas le cas de la France durant les prochaines années. Par ailleurs, si subventionner l'isolation d'un million de logements semble favoriser l'emploi dans les industries du bâtiment, pourquoi ces subventions ? Pourquoi ne pas laisser les Français choisir ou non d'investir en fonction du prix de l'énergie, dans la qualité de leur habitation et la nature de leur système de chauffage ? Tout système de subvention produit des rentes et distord le choix des usagers. De surcroît, si cette politique a pour objectif implicite la limitation de l'émission de gaz à effet de serre, elle manque en grande partie sa cible car nous avons vu que 92,9 % de l'électricité produite en France (le nucléaire, l'hydraulique et les autres énergies renouvelables) n'émettait pas de gaz à effet de serre dans sa fabrication. Si donc une habitation dispose d'un chauffage électrique, économiser du courant ne réduit qu'à peine (7,1 %) le rejet de CO_2 ! Bien entendu, le meilleur moyen d'économiser de l'énergie est de ne pas en dépenser et donc de favoriser le rendement énergétique des habitations et des moteurs ; les marchés en tiennent compte. Le rendement des moteurs s'améliore grandement, quant aux architectes et à leurs clients ils sont conscients de cette dimension dans la conception de tout bâtiment.

Des croyances plus que des analyses empiriquement fondées

On voit donc que cette politique est bâtie sur des croyances. Le nucléaire serait dangereux ; les énergies renouvelables sont les énergies d'avenir car elles ne s'épuisent pas ; quant au charbon, au gaz ou au fuel, leur pollution est… familière et les éventuelles conséquences en matière de climat sont lointaines.

Mais nous importons l'énergie fossile, nous subventionnons les énergies renouvelables, nous faisons porter le coût de cette politique par les usagers et notre seule filière industrielle (le nucléaire), pourtant plus économe, moins dangereuse et non polluante n'est défendue que… loin des médias et des écologistes. Le sacrifice de Fessenheim est un symbole ; il s'apparente aux sacrifices d'animaux que tout bon Romain faisait quand il consultait un augure. Il y aurait eu toutefois une raison logique à cette décision : celle d'apprendre à démanteler une centrale pour, plus tard, ailleurs, vendre ce savoir-faire. Elle n'est pas invoquée. En attendant, et ce n'est pas fini, le prix de l'énergie augmente, nous associons notre politique à celle de l'Allemagne alors que nous n'avons pas du tout les mêmes intérêts, ni les mêmes moyens.

Tout se passe comme si la politique qui était mise en œuvre était bien celle de la décroissance chère à certains écologistes. Que se passera-t-il quand les autres électeurs de François Hollande en prendront conscience ? Ils sont pourtant prévenus par ses ministres. « Il ne faut pas que la transition énergétique soit vécue comme une punition. Il faut qu'elle soit progressive et supportable par les Français. Si on ne fait rien, la facture énergétique sera augmentée de 100 milliards d'euros en 2050[1]. Mieux vaut prévenir, poursuit Martin (le ministre de l'Écologie)[2]. »

Je ne sais pas si les Français sont conscients des conséquences des décisions prises en la matière et s'ils se sentent « prévenus ». La facture énergétique, avec la politique menée aujourd'hui, ne peut qu'augmenter. On aimerait alors comprendre ce que veut dire en pratique : « supportable ».

Car, et c'est peut-être le plus important, l'État ne se sent plus légitime pour définir la politique énergétique de la nation et demande au Medef de discuter

1. Ce chiffre est sous-estimé d'au moins un facteur de quatre !

2. *Le Nouvel Observateur* du 22 au 28 août 2013, p. 31. Il cite donc Philippe Martin, ministre de l'Écologie, du Développement durable et de l'Énergie.

avec les ONG. Il ne s'en charge donc pas directement, comme il l'aurait fait il y a encore vingt ans après avoir consulté les parties prenantes dans une commission du Plan.

Après mille débats dans les territoires, cinquante réunions des huit groupes de travail et surtout après l'échec attendu et heureux de cette négociation, Bruno Rebelle, membre du comité de pilotage du débat national sur la transition énergétique (DNTE), ancien directeur de Greenpeace France, écrit[1] : « Dans ce théâtre social, les organisations non gouvernementales (ONG) ne doivent rien lâcher, les syndicats s'accrochent aux acquis et les collectivités campent sur leurs compétences et leurs maigres ressources, le Medef, lui, endosse l'habit de l'acteur responsable, réaliste et soucieux de préserver la compétitivité et la croissance. » Il ajoute : « J'ai pensé – naïvement – que la raison l'emporterait et que devant cette démonstration, même les plus conservateurs feraient le pari de l'innovation technique, sociale et politique pour promouvoir des modes de vie plus économes, une mobilité plus maîtrisée que subie, un habitat plus efficace et plus sain, des entreprises plus compétitives, des nouveaux emplois et des collectivités plus performantes sur les enjeux énergétiques et territoriaux. » Autrement dit : cet ancien responsable de Greenpeace se sent à la fois plus légitime que le Medef pour décider de la com-

1. Bruno Rebelle, « Énergie : la transition dont ils ne veulent pas. Le Medef préfère camper sur ses certitudes », *Le Monde*, 20 juillet 2013.

pétitivité des entreprises et plus à même que les collectivités locales de définir les enjeux énergétiques et territoriaux ! Or, s'il est sans autre légitimité que celle qu'il s'attribue, il a des soutiens médiatiques et des *a priori* pas nécessairement partagés sur ce que serait une mobilité « maîtrisée », car il veut dire, je pense, « contrainte ». Quelques pages plus tôt, dans le même journal du même jour, Marie-Béatrice Baudet rappelle en effet que « ce débat [...] était une expérience de démocratie participative difficile à tenir [...]. La France s'engagera dans la transition énergétique si et seulement si François Hollande fait preuve d'une volonté sans faille et traduit plus concrètement ses engagements pour un pays plus sobre en carbone et moteur de la lutte contre le changement climatique [...] ».

Ce faisant, le journal reprend à son compte le combat des ONG, ne montre pas la nature du débat scientifique et n'illustre en rien le rôle minuscule et très coûteux que pourrait jouer la France en la matière. Bien entendu cela convient aux apôtres de la décroissance, mais qu'en est-il des autres, ceux qui cherchent du travail pour eux et ne souhaitent pas nécessairement pour d'autres des modes de vie plus « économes » ? N'est-ce pas à eux de choisir ?

Pour Pascal Canfin, ministre délégué au Développement auprès du ministre des Affaires étrangères, « L'écologie politique redonne du sens à la vieille social-démocratie[1] ». Peut-être, mais ce « sens » est

1. *Le Nouvel Observateur*, 22 au 28 août 2013, p. 31.

rejeté par quelques vieux sociaux-démocrates quand ils constatent que la réalité dévoilée, notamment en Allemagne, va à l'inverse de ces fumeuses – c'est le cas de le dire – déclarations. L'histoire dira si les vieux voyaient juste.

7

Santé : la politique de l'émotion

« Les mots sont rongés par les mensonges
et les faux espoirs dont ils sont responsables »
George Steiner[1]

La référence implicite ou explicite de la très grande majorité des politiques publiques concerne la santé. En forgeant les termes de « biopolitique » et de « biopouvoir », Michel Foucault[2] a offert de nouveaux concepts pour décrire et comprendre une des nouvelles formes de mainmise de l'État sur l'existence humaine. L'État intervient, contraint ou interdit, parce qu'il juge que tel ou tel comportement individuel, tel ou tel procédé de fabrication, telle ou telle substance est, ou pourrait être, dangereux pour la santé. Il en est ainsi, nous l'avons vu, de la pollution atmosphérique, de la sécurité routière, de l'énergie nucléaire, des produits chimiques, de la médecine du travail, de tout ce qui touche à l'alimentation (de la produc-

1. George Steiner, *Œuvres,* coll. « Quarto », Gallimard, 2013, p. 363.
2. Michel Foucault, *La Volonté de savoir*, Gallimard, 1976.

tion agricole en passant par les modes de stockage, de transport, de préparation et de distribution des aliments) jusqu'à, bien entendu, l'ensemble des pratiques et produits médicaux. La politique de la ville, la politique des transports, le droit du travail, notamment, ont une forte composante sanitaire. Au nom de la santé, l'État réglemente, interdit, taxe. Mais, avant tout, la santé publique est liberticide, or il me semble légitime de demander : Jusqu'où est-on prêt, individuellement et collectivement, à abandonner la liberté au nom de la santé ? Quand personne d'autre n'est concerné, il me semble que l'État ne devrait pas s'en mêler ; en revanche, quand le comportement de l'un peut nuire à l'autre, l'État devient légitime, à la condition toutefois que les mesures prises soient fondées et efficaces, ce qui est loin d'être toujours le cas ; nous l'avons vu.

Paradoxalement, dans ce chapitre consacré à la santé, nous développerons peu le thème de politiques publiques bâties sur des croyances, nous avons tenté de le faire dans les chapitres précédents ; en revanche, nous souhaitons aborder une autre dimension de la politique de l'émotion : celle de la constitution de l'agenda politique. Autrement dit de tenter de comprendre comment les idées viennent aux politiques. Comment, en arrivant au pouvoir, un ministre décide-t-il de traiter d'un sujet plutôt qu'un autre ? Résiste-t-il à l'opinion ? Plus tard, arrive-il à tracer son chemin quand aux avis de grand frais succèdent des tempêtes médiatiques et autres coups de vents ? Pourquoi y a-t-il des sujets tabous et d'autres incompris ? Pourquoi, là encore, les croyances comptent-elles plus que les faits, fussent-ils patents ?

L'État contraint de réagir séance tenante à l'opinion

Quand l'État répond au dernier « scandale » qui vient d'accaparer pendant quelques jours l'espace médiatique, c'est bien entendu au nom d'un « bien » collectif plus souvent perçu que démontré. En raison de cette prétention au bien, l'opinion dicte non seulement l'agenda politique, dont il faut s'occuper toutes affaires cessantes, mais impose aussi la nature des mesures qu'il serait urgent de prendre pour arrêter le « scandale ». Ainsi, en février 2013, la ministre de la Santé interdit en quelques jours une pilule contraceptive vieille d'un quart de siècle sous prétexte qu'elle est à la fois dangereuse, parce que trop et mal prescrite – ce qui est vrai – mais en oubliant que pour certaines patientes atteintes d'acné elle demeure la thérapeutique la plus efficace. Or les dermatologues témoignent que les jeunes filles atteintes de cette maladie de peau qui les défigure au moment où elles ne cherchent qu'à être séduction, sont prêtes à accepter n'importe quel traitement pour effacer ces marques sur leur jeune visage. Elles le feront encore demain, à moins que n'apparaissent de nouvelles molécules.

Cela n'a pas échappé aux instances européennes.

Le communiqué de l'Agence européenne du médicament du 17 mai 2013 indiquait en effet que « le Comité pour l'évaluation des risques en matière de pharmacovigilance[1] de l'Agence européenne du médicament a conclu que le rapport bénéfice/risque de Diane 35 et de ses génériques est positif, à condition que certaines mesures soient prises pour minimiser les risques thromboemboliques ». Le 30 juillet 2013, la Commission européenne exige que la France remette sur le marché Diane 35 si le laboratoire Bayer qui le commercialise le souhaite. En attendant, la thérapeutique disponible après cette interdiction est plus dangereuse que la prescription de cette pilule aujourd'hui interdite ; de surcroît, ces jeunes filles doivent aussi être mises sous une autre pilule contraceptive ajoutant un autre danger, certes très minime, mais la conjonction de ces deux dangers est supérieur au risque de prescription de Diane 35 dont on peut par ailleurs, après un test génétique, limiter les conséquences sur la partie la plus à risque de la population.

Avant d'interdire, était-il impossible d'en débattre et d'étudier sereinement ces questions pour préparer d'éventuelles solutions qui utiliseraient toutes les nuances de gris et pas seulement le blanc ou le noir ? Cette précipitation des gouvernements étonne et il n'est pas certain qu'elle ne leur apporte pas plus de mépris que de reconnaissance. Mais la dictature de l'opinion semble irrésistible et, par « précaution »

1. Le PRAC : The Pharmacovigilance Rish Assessment Committee.

pour leur carrière, les ministres privilégient la réponse à l'émotion médiatique plutôt que la raison. Ainsi l'agenda politique est-il envahi de sujets aussi successifs qu'imposés et, faute de méthode et de force, ils sont, par essence, mal traités faisant de la législation un incompréhensible patchwork et ces ministres des clones de la mouche du coche.

L'observation de la manière dont les différents pays occidentaux traitent de la santé est riche d'enseignement. S'ils font face aux mêmes problèmes, et particulièrement au vieillissement de la population et au foisonnement des techniques diagnostiques et thérapeutiques, ils ne les traitent pas, loin s'en faut, de la même façon. Ce regard vers l'extérieur, en se retournant, permet de découvrir un tabou et une idée fausse aux conséquences aussi essentielles que dissimulées de ce qu'il est convenu d'appeler la « politique de santé » française, mais qui concerne avant tout l'acte médical.

Le tabou du rationnement

La Santé rationnée ? fut le titre de mon premier ouvrage[1]. Dans le secteur de la santé, les mécanismes de rationnement abondent en effet : numerus clausus pour l'entrée en deuxième année des étudiants en médecine, pour l'ouverture d'une pharmacie, autori-

1. Avec John Kimberly et Victor Rodwin, Economica, 1981.

sation pour créer un lit hospitalier ou bénéficier de l'autorisation d'exploiter un scanner ou un appareil de résonance magnétique… tout ou presque est rationné. De surcroît les prix sont administrés ; il s'agit donc de tarifs, pas de prix. Bien entendu, en dépit des discours rabâchés sur l'égalité territoriale, cela se traduit par de très fortes inégalités entre régions et départements. Les principes et les règles de droit ne suffisent à l'évidence pas. Pour ne citer que cet exemple mineur : il y a deux fois plus de pharmacies dans le sud que dans le nord de la France, alors que les règles et les indices sont les mêmes sur tout le territoire depuis plus de soixante ans ! Plus grave, il existe surtout de profondes inégalités de traitements médicaux selon le lieu de résidence. Ici un Français bénéficiera des meilleures techniques mondiales et là son sort sera plus aléatoire et devra tout au destin : ainsi les dépenses de cardiologie par habitant varient de 1 à 9 selon le département de résidence.

Toutefois, si en France on rationne les moyens, on prétend ne pas rationner les traitements. Il est vrai, et il faut s'en féliciter, que nous n'avons pas de files d'attente comme dans de très nombreux autres pays occidentaux. Non seulement ces files d'attente pour les interventions dites « de confort » (cataracte, prothèse de hanche…) existent au Royaume-Uni, mais les Anglais, chose impensable en France, ne remboursent pas les traitements qui coûtent plus de 30 000 livres l'année de vie sauvée ! Ils rationnent explicitement.

Nous ne sommes pas britanniques, nous ne le deviendrons jamais, dans ce domaine notamment, tant une telle idée est scandaleuse en France. *Comment, peut-on déclarer ne pas « tout » faire pour garder quelqu'un en vie* ? pensent les Français. Bien entendu, en pratique on ne fait jamais « tout » pour personne, mais ce qu'on fait effectivement varie d'un hôpital à l'autre, d'un médecin à l'autre et donc d'un patient à l'autre. Peut-on se passer de rationnement explicite si l'on souhaite réduire les inégalités, les vraies ? J'en doute, mais ce n'est pas pour demain. Nous y reviendrons.

Santé et médecine ne sont pas synonymes

Une croyance quasi universelle consiste à confondre santé et médecine. Je sais d'expérience que, quand je déclare que la santé n'est pas la médecine et que la médecine n'est pas la santé, les auditeurs me regardent avec étonnement tant, au plus profond d'eux-mêmes, ces deux mots se confondent. Pour se convaincre du contraire, il suffit de remarquer qu'au pays où l'on dépense le plus pour la médecine (les États-Unis d'Amérique) on vit cinq ans de moins que dans un autre pays où l'on dépense moitié moins (le Japon). Plus de médecine ne veut pas systématiquement dire plus de santé.

Toute la médecine du monde ne peut pas grand-chose pour les diabétiques et les personnes en surpoids, en revanche une alimentation saine tout au long de la vie aide beaucoup. La santé n'est pas la médecine et la médecine n'est pas toujours la santé. Ainsi, si la médecine contribue à des merveilles, notamment en matière de procréation, il s'agit alors de procréation et de médecine, mais pas de santé. Les femmes qui auront ainsi la chance d'avoir un enfant ne seront pas en meilleure santé pour autant, elles seront plus vraisemblablement épanouies ; mais cette dimension n'est plus strictement sanitaire.

L'expression « dépenses de santé » est donc abusive. Il s'agit à plus de 95 % de dépenses médicales. Cette confusion des termes est lourde de conséquences politiques. En effet, si les Français croient que santé et médecine sont synonymes, réduire les dépenses de santé veut donc dire, pour eux, porter atteinte à leur santé. Bien entendu, industriels, professionnels et syndicats abusent de cette confusion si bien que, et c'est le moins qu'on puisse dire, l'argent des Français n'est pas toujours utilisé à bon escient.

De cette confusion savamment entretenue découlent de nombreux raisonnements annexes : si l'on « manque » de médecins, la santé des personnes vivant dans les zones concernées va en pâtir, si l'on prescrit des génériques c'est qu'on pratiquerait une médecine au rabais, si les soins sont donnés par une infirmière, ils ne sont pas de la même qualité… Si, si, si, et donc… toujours plus.

Pourtant, l'analyse empirique montre, là encore, qu'il ne s'agit que de croyances. La région française où il y a le plus de centenaires, le Poitou-Charentes, est aussi celle qui a le moins de lits hospitaliers et le moins de médecins. Je n'y vois aucune relation de cause à effet, mais cela montre que l'inverse est faux : plus de médecins ne produit pas systématiquement plus de centenaires, cela se verrait, et les grands de ce monde battraient le record des 122 ans de Jeanne Calment !

Une incapacité à comprendre l'évolution de la médecine

On devine donc l'espace politique qui pourrait s'ouvrir si l'un ou l'autre de ces tabous pouvait se briser au nom, par exemple, de plus d'égalité. En attendant, même en période de croissance nulle, comme en 2008 et 2013, les dépenses augmentent et le déficit se creuse.

Alors qu'il est aisé de constater les progrès spectaculaires de la médecine, la classe politique n'arrive pas à les penser et à en tirer les conséquences structurelles. Cela est d'autant plus surprenant que, dans ce domaine, l'opinion n'a pas les mêmes réserves à l'égard du progrès technique. Ainsi, sans que personne y trouve à redire, un OGM (une bactérie) produit de l'insuline humaine, un autre être génétiquement modifié (une chèvre) produit des dérivés du sang humain. Oui, les diabétiques étaient, jusqu'à cette découverte, traités avec de l'insuline de porc. La fabrication d'insuline humaine par la création d'un OGM est un progrès considérable, car l'insuline de porc avait d'importants effets secondaires. De même, produire à la demande des dérivés de sang humain à partir de chèvres génétiquement modifiées garantit la qualité de ces dérivés de sang humain et baisse fortement leur coût de fabrication. Par prudence ces dérivés du sang qui viennent abreuver les patients français sont fabriqués par des chèvres élevées aux États-Unis, au cas où se révéleraient, en France, des vocations de « tueurs volontaires ».

En médecine, le risque est donc plus accepté. Si les hôpitaux sont objectivement des endroits dangereux, ils sont néanmoins recherchés par la population pour la moindre intervention. La perception du risque n'est que culturelle et à l'évidence variable selon les secteurs. Les hommes veulent vivre et doivent mourir. Tout ce qui peut retarder cette échéance est bon à prendre et les risques sont donc assumés, même quand ils sont sous-estimés ce qui est le cas de l'hôpital, endroit dangereux où, ce n'est pas une découverte, sont hébergées des personnes malades, fragiles, porteuses de virus et de bactéries pathogènes et qui les propagent, quelles que soient les règles d'hygiène.

La recherche médicale mondiale se développe. Les connaissances doublent tous les trois ans. Il se publie chaque année 700 000 articles médicaux dans des revues à comité de lecture ! La thérapeutique s'enrichit et la plus petite des pharmacies offre plus de 8 000 références. Il existe par ailleurs environ un millier d'analyses biologiques qui peuvent être prescrites par tout médecin. Quant aux actes chirurgicaux et d'imagerie, eux aussi réalisables sur ordonnance, ils sont de l'ordre de 8 000. La médecine dispose d'un extraordinaire arsenal thérapeutique. Cela n'est encore rien à côté de ce qui arrive, car le génome complet d'un être humain va bientôt coûter 100 euros et, grâce à lui, la médecine personnalisée va devenir la règle[1].

Cette évolution des savoirs et des techniques mène, partout dans le monde, à une spécialisation de plus en plus poussée des médecins et des professions paramédicales. De nouveaux métiers apparaissent, expressions de ces nouveaux savoirs.

Abondance, complexité deviennent la règle d'or, avec cette nouvelle donne mondiale, le système de soins français n'a guère évolué depuis, soyons généreux, un bon demi-siècle. L'organisation de la médecine libérale a été conçue entre 1925 et 1930 et demeure depuis lors quasiment inchangée. Les généralistes peuvent encore, en droit, presque tout prescrire, alors qu'ils ne peuvent plus tout connaître : comment lire 2 000 articles par jour ? Pourquoi alors la notion de « liberté de prescription » n'a-t-elle pas évolué ? Quant à l'hôpital, et plus encore à l'enseignement de la médecine, la dernière grande réforme structurante date de 1958. Pourtant son inspirateur, Robert Debré, expliquait déjà en 1973 pourquoi et

1. Rappelons que le séquençage du premier génome humain en 2002 a coûté 3 milliards de dollars !

comment il fallait réformer sa réforme. Rien n'a bougé depuis.

S'il est facile avec un ordinateur et une carte de crédit d'accéder à n'importe quel article médical publié dans le monde, cette facilité technique ne résout pas le problème essentiel de l'accès au savoir, car comment choisir l'article qu'il faudrait lire parmi les dizaines de milliers qui sont publiés chaque mois ? Pourtant, selon l'article 8 du code de déontologie médicale[1], « [le médecin] doit tenir compte des avantages, des inconvénients et des conséquences des différentes investigations et thérapeutiques possibles ». Ce qui suppose pour le moins qu'il les connaisse, mais comment aujourd'hui peut-il les connaître toutes ? Aussi, je propose depuis quinze ans[2] que la puissance publique, en partenariat avec les sociétés savantes, l'Académie de médecine et un éditeur, fabriquent un moteur de recherche documentaire, une sorte de « Google médical » et ainsi codifie en permanence le savoir médical et ses évolutions. Tout médecin, même au cours d'une consultation, devrait pouvoir se rafraîchir la mémoire et, dans d'autres circonstances, mettre à jour, seul et à son rythme, ses connaissances. Non seulement un tel projet n'a jamais été au programme d'un parti politique, mais les conseillers à qui j'en ai parlé, ils sont nombreux, ne me semblent pas avoir saisi les questions soulevées par ce défer-

1. Article R. 4127-8 du Code la santé publique.
2. Jean de Kervasdoué *et al.*, « La puce et le stéthoscope », Rapport remis au ministre des Affaires sociales en 1998.

lement bibliographique et l'intérêt d'une solution d'autant plus indispensable que la formation continue des médecins, depuis trente ans, va d'échec en échec. Cette idée a été prise et reprise par des entreprises privées nord-américaines. Ils cherchent à vendre leurs produits en France et pas seulement aux médecins, mais aussi aux hôpitaux et aux facultés de médecine. La recherche médicale est anglophone ; dans quelques décennies, l'enseignement, puis la pratique médicale française le deviendront.

Le nécessaire contrôle des prescriptions

Par ailleurs, et les affaires récentes comme celle du Médiator ou de Diane 35 le montrent, la défense coûte que coûte de la liberté de prescription, un des éléments de la charte de la médecine libérale de 1926 et du code de déontologie de 2012[1], conduit la puissance publique à ne considérer que les autorisations de mise sur le marché des médicaments et pas leur prescription. Les ministres successifs s'échinent ainsi à laver plus blanc que blanc pour tenter d'éviter des conflits d'intérêts, au point que seuls les incompétents auront bientôt le droit à la parole. Pourtant, le sujet n'est jamais l'existence de conflits d'intérêts potentiels, mais celui de leur gestion et surtout, dans

1. Article 8, premier alinéa : « Dans les limites fixées par la loi *et compte tenu des données acquises de la science,* le médecin est libre de ses prescriptions qui seront celles qu'il estime les plus appropriées en la circonstance. »

le cas de la médecine, la question centrale n'est pas tant celle du processus qui conduit à l'autorisation de mise sur le marché de tel ou tel médicament, mais celle de son usage une fois que l'autorisation a été donnée.

Un médecin est dans la situation d'un chef d'orchestre qui dispose de très nombreux instruments (médicaments, examens biologiques ou radiologiques...). La question est donc de savoir s'il joue juste. Or la réponse inappropriée de la puissance publique consiste à tenter de dire que les instruments sont bien accordés (les médicaments sont efficaces). Certes, c'est la moindre des choses, mais rien n'est dit de la musique que joue chaque médecin, or la question du malade est de savoir si elle est harmonieuse, dans leur cas. Aussi, aux États-Unis, pratiquement toutes les ordonnances des médecins sont contrôlées une par une par des entreprises privées sous-traitantes des caisses d'assurance maladie à l'aide d'algorithmes qui permettent d'étudier celles qui divergent des recommandations des bonnes pratiques cliniques. La liberté de prescription, sans contrôle *a posteriori*, a vécu. Qui le dit ? Pourquoi y a-t-il un tel décalage entre la nature des problèmes à résoudre et l'offre politique de solutions ? Il est vrai, et là peut-être est la réponse, que ces questions n'amènent à court terme aucune voix et beaucoup de protestations.

De trop longs délais dans l'accès aux innovations

Par ailleurs, l'État ne se saisit qu'avec grand retard des nouvelles techniques disponibles sur le marché mondial. Cela constitue à la fois un préjudice pour les patients qui auraient dû en bénéficier et offre une rente à ceux qui continuent à proposer des traitements obsolètes. Pour ne donner qu'un exemple, depuis plus de cinq ans dans le monde et au moins trois ans en France, il est possible d'appliquer un unique traitement de radiothérapie à une femme atteinte de certains types de cancer du sein au moment même de l'intervention chirurgicale. On imagine le bénéfice pour la patiente qui n'est plus contrainte après son opération de venir subir entre 25 et 35 séances de « rayons ». Vingt-cinq minutes d'irradiation en une fois, au moment de l'ablation de la tumeur, suffisent. Ce traitement est aussi efficace et moins onéreux que les modalités antérieures. Toutefois, si une dizaine d'hôpitaux publics le proposent, il n'est pas encore remboursé par l'assurance maladie. Il est vrai que certains lobbies ne voient pas d'un bon œil la perte d'un tel marché !

Les dossiers techniques ne sont pas politiquement suivis à l'échelon ministériel[1], mais laissés aux mains d'agences faites avant tout pour protéger les acteurs

1. J'aimerais savoir combien de conseiller ministériels lisent *The New England Journal of Medecine*, *The Lancet* ou *Nature*.

du système. Mais comment les politiques choisissent-ils leur agenda, comment sélectionnent-ils les questions qu'ils se décident à évoquer publiquement ? Comment les idées viennent-elles aux politiques ?

Des réformes pour faire croire

À vingt ans, quand la curiosité s'éveille et qu'on se plonge d'autant plus dans la chose publique qu'on souhaite y participer, on ne voit qu'arguments pour la réforme et on se laisse prendre au piège de l'idéalisme. Les fameux aphorismes d'Henri Queuille[1], sénateur radical, président du Conseil dans les années 1950, scandalisent et l'on plaint ses parents d'avoir vécu à une période où de tels irresponsables étaient à la tête de l'État[2] en n'imaginant pas un instant que la nôtre puisse être aussi désabusée.

On constate cependant assez vite que nombre de lois, non seulement n'atteignent pas les objectifs qu'elles s'étaient fixés, mais qu'elles sont construites sur des théories implicites et simplistes – quand elles ne sont pas fausses – du changement social. Pis, elles présupposent souvent des conditions techniques ou financières dont il est facile de démontrer qu'elles

1. « Il n'y a pas de problème dont une absence de solution ne finisse à venir à bout. […] La politique ne consiste pas à faire taire les problèmes, mais à faire taire ceux qui les posent. »

2. Même quand on a oublié les mérites d'Henri Queuille qui fut notamment l'un des quatre-vingts parlementaires à refuser de voter les pleins pouvoirs à Pétain en 1940 et qui s'est, plus tard, bien comporté pendant la Seconde Guerre mondiale.

ne sont pas réunies[1]. Ainsi, par exemple, en 2004, Philippe Douste-Blazy, ministre de la Santé, annonçait que toutes les informations médicales de tous les Français se trouveraient enregistrées sur un dossier médical aussi personnel qu'électronique et cela dès 2007. Or, à l'époque, il savait très bien que 20 % des médecins ne disposaient pas d'ordinateurs, pourtant rien n'était prévu pour leur imposer l'usage de cette machine. Comment alors « toutes » les informations médicales de « tous » les Français pourraient-elles être enregistrées par des machines qui n'existaient pas[2] ? En réalité, il avait besoin d'équilibrer la présentation de son plan de réduction des déficits de l'assurance maladie. Il lui fallait trois milliards d'euros. Un de ses conseillers lui a proposé cette idée qui a séduit l'opinion et le tour était joué. Trois ans plus tard, rien ne s'était produit, aucune économie n'était apparue et le ministre avait quitté son poste.

Au-delà de ce cas précis, pourquoi annoncer des réformes dont on sait qu'elles sont mort-nées ? La première pensée consiste à stigmatiser l'incompétence des ministres et de leur entourage, mais après ce premier mouvement d'humeur, on se ravise à la vue de quelques évidentes exceptions. On se met alors à chercher les raisons de l'apparente déraison et l'on

1. Jean de Kervasdoué, « Pour une évaluation des politiques publiques : réflexion à partir de la sociologie des organisations », *Annales des Mines*, juillet-août 1981, p. 133-144.

2. Il y avait au moins une cinquantaine de raisons pour lesquelles cette annonce était pour le moins critiquable, notamment le fait qu'il n'y avait pas l'argent pour accompagner un tel projet, ou que l'on ne sait pas ce que veut dire « toutes » les informations médicales…

avance l'hypothèse que les réformes et la dramatisation qui les accompagne ne seraient peut-être que jeux politiques et manières de prétendre que l'on agit, alors que l'on sait bien qu'il n'y a pas d'issues possibles aux conditions énoncées. Aussi, alors qu'il faudrait renvoyer les électeurs à la nature contradictoire de leur exigence, on « réforme ».

Selon Arthur Koestler[1], il existerait un parallèle entre la nature de la réforme et celle de la création. Toute réforme serait une tentative d'intégration de deux éléments jusque-là séparés. C'est en effet bien là la nature d'une réforme qui réussit : elle est un acte de création. Mais il arrive que les réformes échouent, voire qu'elles soient impossibles. Dans ce cas, pour s'en sortir, il n'y a que les pleurs ou le rire qui, comme dans la vie, constatent l'impossibilité du rapprochement de deux éléments. On devrait donc plus souvent rire ou pleurer quand l'on prend conscience que les promoteurs d'une réforme savent parfaitement que l'idée avancée n'est qu'effet de manche et rideau de fumée pour dissimuler de profondes contradictions.

Ainsi, par exemple, on annonce que l'on va accroître le champ de couverture de l'assurance maladie (mieux rembourser les lunettes ou les soins dentaires, par exemple), mais sans augmenter les prélèvements sociaux et en ne touchant à aucune des prérogatives des acteurs du système. Si on peut en effet à la fois mieux rembourser et moins dépenser,

1. Arthur Koestler, *The Act of Creation*, Penguin Books, 1960.

c'est impossible à réaliser sans toucher à quelques intérêts aussi puissants que bien organisés. Il faut toujours avoir à l'esprit une banalité essentielle : un euro de moins de dépenses de soins est toujours aussi un euro de revenu en moins pour quelqu'un, quelque part.

Pourtant, on a « réformé » et on réforme chaque année. On baisse le *numerus clausus* des étudiants admis en deuxième année de médecine, puis on l'augmente, répercutant ainsi sur plus de quarante ans les conséquences de décisions prises à la légère. On crée dès 1970 une carte sanitaire afin de réduire les inégalités territoriales dans l'accès aux soins, tandis que les inégalités interrégionales, non seulement demeurent, mais s'accroissent. En France, les inégalités de soins sont[1] plus graves que les inégalités d'accès aux soins dues aux questions financières, mais les Français adorent débattre des principes de droit, surtout quand il s'agit d'égalité, et montrent un profond dédain pour la réalité empirique. Le monde doit être ce que les lois prétendent. Pourquoi l'observer ? Pourquoi évaluer les politiques publiques ?

1. On ne dispose pas en la matière d'échantillon représentatif national, mais de nombreuses études de cas qui montrent de considérables variations de pratiques cliniques inexplicables par des facteurs cliniques ou épidémiologiques.

Licornes et zombies, créations politiques

Joseph White[1] montre que les politiques de santé, comme les autres politiques publiques, sont aussi peuplées de licorne et de zombies.

Les licornes, animaux mythiques, sont plus belles que la plus belle des juments, mais elles demeurent imaginaires. Il en est ainsi de très nombreuses réformes dont les projets sont plus beaux que la réalité. On croit que la pureté formelle du modèle suffit, mais comme la réalité est autre, l'échec est inévitable. Ce qui ne désarçonne toutefois pas leurs avocats car, bien entendu, l'échec de la réforme s'explique, disent-ils, par la situation qui n'avait pas la pureté requise et donc, selon eux, dans d'autres circonstances, la réforme aurait eu les effets escomptés.

Un exemple de licorne qui, heureusement, a peu marqué l'esprit des Français, consiste à laisser croire que la concurrence entre les compagnies d'assurances ferait baisser les dépenses de santé. Les Américains, les Néerlandais et une partie des Allemands payent le prix fort[2] de cette idée libérale et… fausse.

Quant aux zombies, ces morts-vivants qui renaissent indéfiniment, ils survivent à leurs échecs

1. Joseph White, « Licornes, zombies et politique de santé », in Jean de Kervasdoué, *Le Carnet de santé de la France en 2012*, FNMP/Economica, octobre 2012.

2. En cinq années les dépenses de santé des Pays-Bas ont augmenté de plus de 2 % du PIB à la suite d'une réforme inspirée par cette malencontreuse idée.

répétés. Tel est le cas, par exemple, de la croyance sans réserve aux bienfaits économiques des dossiers médicaux informatisés ou encore le fait qu'on va pouvoir résoudre l'inégale répartition territoriale des médecins sur le territoire national en faisant varier la démographie médicale. La densité relative des médecins en France était la même en 1900 et en 2000 ; le passage de 60 000 à 230 000 praticiens en France entre 1968 et 2012 n'a pas réduit les inégalités territoriales, et pourtant la démographie demeure le sujet favori des ministres de toutes couleurs politiques et des syndicats médicaux.

Ce qui compte dans une réforme n'est pas tant qu'elle s'inspire d'exemples réussis, mais qu'elle convienne aux croyances des réformateurs : croyances religieuses, croyances politiques sur l'homme et la société, croyance dans des modèles de « bon sens ». D'ailleurs les réformes qui voient le jour ne sont pas les plus claires, mais bien les plus ambiguës, celles dont le plus grand nombre d'acteurs pense pouvoir espérer, un jour, bénéficier.

Au cimetière des réformes, les conditions objectives des échecs sont nombreuses. Il y a tout d'abord des erreurs logiques, comme celles d'annoncer qu'on va atteindre un objectif alors que les conditions nécessaires ne sont pas remplies. Il en est ainsi, par exemple, de l'évaluation de la qualité des soins en l'absence de dossiers médicaux dignes de ce nom. Cette absence des conditions nécessaires est aussi fréquemment le cas de nombreuses réformes qui n'ont pas le début du commencement des moyens financiers qui permettraient de les mettre en œuvre.

Il y a ensuite des réformes qui tentent d'agir sur des phénomènes qu'on sait mesurer mais que l'on ne sait pas modifier. Ainsi, le suicide est en France une sérieuse question de santé publique – on s'y donne la mort deux fois plus qu'au Royaume-Uni ou qu'en Italie. Ce taux est encore plus élevé dans certaines régions, notamment en Bretagne, mais seulement dans la partie bretonnante où il est quatre fois supérieur au taux national. Pourquoi ? Personne ne le sait. Et personne ne sait vraiment comment « prévenir » le suicide. Ainsi, l'action préconisée à l'échelon national pour lutter contre ce fléau a consisté à… ouvrir un bureau compétent à la direction générale de la Santé, à Paris, avenue Duquesne. Quant à la Bretagne, il est difficile d'empêcher de vendre des cordes dans un pays de marins ou de priver de liberté tous ceux qui veulent attenter à leurs jours en les faisant suivre par une voiture du Samu.

Souvent donc, au lieu de reconnaître qu'on ne sait pas, on prétend savoir ou l'on agit de manière symbolique. Ainsi, même s'il ne s'agit que d'une mesure administrative, lors de la sécheresse du printemps 2011, le préfet du Rhône a-t-il interdit de laver les voitures et de remplir les piscines à Lyon, alors qu'avec la fonte des neiges le Rhône débitait 2 500 mètres cubes d'eau par seconde, qui sont allés se perdre en mer, largement de quoi laver des voitures dont l'eau de lavage retourne d'ailleurs toujours au fleuve.

Il y a enfin des réformes fondées sur des théories qui semblent robustes, mais qui sont soit fausses, soit insuffisantes. Ainsi l'augmentation du prix des cigarettes fait baisser leur consommation chez les plus riches, pas chez les plus pauvres, alors que la théorie économique prédit l'inverse[1]. Enfin, contrairement à ce que prétendait en son temps Jean-Pierre Raffarin, on ne « responsabilise » pas les Français en augmentant le ticket modérateur dont on sait que, d'ailleurs, il ne modère rien. Certes, les patients surconsomment quand les soins sont gratuits, mais ils sous-consomment quand ils sont payants. L'argent ne permet donc pas de définir un « bon » niveau de dépenses de soins.

Un étonnant agenda politique

L'inscription d'une réforme à l'agenda politique et la bataille menée à cet effet permettent parfois de comprendre son contenu. Pour qu'il y ait « réforme », la situation, à tort ou à raison, est d'abord dramatisée par la coalition des politiques, des fonctionnaires, des associations, des intellectuels et des journalistes, qui veulent la faire passer en ayant d'ailleurs parfois l'idée de la solution avant que le « problème » se pose. Parmi toutes les imperfections du fonctionne-

1. Les prix n'ont pas baissé la consommation de tabac mais ont fait un peu évoluer la nature de la consommation : le tabac à rouler s'est aussi mieux vendu.

ment de la société française, un petit nombre seulement conduisent à une « réforme ». Certains sujets, repérés depuis longtemps comme étant d'importance, demeurent tabous et donc ne parviennent pas au stade ne serait-ce que du débat.

Quelques réformes y parviennent. Ainsi, comme le président Sarkozy avait annoncé qu'il fallait un « chef » à l'hôpital, il en a trouvé un en la personne de lui-même puisque c'est lui qui, président de la République, nommait les directeurs de CHU ou faisait nommer tous les autres directeurs par son ministre de la Santé, directeurs omnipotents, en principe, mais paralysés car contraints et sous contrôle.

La majorité change. La nouvelle ministre annonce qu'il ne faut pas un « chef », mais un « responsable ». Les directeurs qui l'écoutent twittent immédiatement : « responsable de quoi ? ». Une petite réforme redonne un peu de pouvoir au corps médical. Tout cela est réaction politique plus qu'idée, et cette politisation de l'organisation hospitalière conduit à des réformes permanentes dont souffrent les hospitaliers et leurs patients pour… pas grand-chose.

D'autres sujets, en revanche, sont en permanence d'actualité, car les contradictions entre aspirations et réalité économique sont patentes, irrésolues et donc toujours d'actualité. Ainsi, comme les Français pensent que plus de médecine conduit systématiquement à plus de santé, quand il y a un déficit des comptes de l'assurance maladie, c'est donc que l'argent manque et pas que cet argent est mal employé. Jusque-là c'est, dans cette logique, « évident » ; ce qui l'est moins c'est qu'on n'évoque pour traiter des questions financières que le volet des recettes nouvelles ou des baisses de remboursement, mais ni celles de l'organisation des soins ou du bien-fondé des prescriptions. Comme le système est inflationniste et que sa structure est stable, les mêmes causes produisent les mêmes effets, et les mêmes questions se posent année après année en dépit (ou peut-être à cause) des réformes. Jusqu'à quand ?

L'agenda politique est déterminé par l'émotion mais, pour résister à l'émotion, il faut une clé d'analyse qui permette de faire le tri entre l'apparent et le structurant, entre le court et le long terme, entre l'urgent et l'important. Il faut aussi des principes, en général on n'en manque pas, mais encore faut-il les traduire de manière opérationnelle. Et comme ces éléments font défaut on se demande : mais que faisaient-ils dans l'opposition ?

Depuis que la gauche est arrivée au pouvoir au printemps 2012, de nouvelles commissions, présidées par d'autres experts sont annoncées chaque semaine. Les nominations des uns suivent le rapport des autres, sans parler de la production de papier des grandes institutions comme la Cour des comptes, les inspections générales (Finances, Affaires sociales, Agriculture...), le Conseil économique et social, les académies, les commissions parlementaires... qui produisent leur lot de rapports aussi intéressants que peu lus. Ce n'est pas que ces experts soient mal choisis, ils sont souvent de qualité, mais l'État a non seulement besoin d'idées mais aussi d'une autre légitimité que la sienne.

Anémié, telle la sangsue, il s'efforce de se nourrir ailleurs, les engagements électoraux sacralisés par le vote des électeurs ne suffisent pas. Il semble en effet qu'il s'agisse plus de légitimité que d'idées et ces rapports sont le plus souvent des rapports « Kleenex » qui ne servent qu'une fois, au moment de leur présentation à la presse, puis sont oubliés. Ainsi, le rapport Gallois remis au gouvernement dès juillet 2012 semble en 2013 avoir subi le même sort que le fameux « compte rendu au roi » qui fut remis à Louis XVI par M. Jacques Necker en janvier 1781. Ces recommandations restèrent lettre morte, Necker démissionna, le roi le rappela en juillet 1788, il était trop tard.

Les « éléments de langage » se substituent au projet politique

Depuis le début du XXIe siècle, on assiste à un curieux phénomène. Dans l'opposition, les partis de gouvernement vivent en vase clos et cherchent, non pas des idées, mais quelques « éléments de langage » pour tenter de convaincre les électeurs. Élu, le parti victorieux tente dans les premiers mois qui suivent sa venue au pouvoir d'en tirer quelques conséquences aussi législatives que symboliques. Comme elles ne sont que symboliques, voire parfois dangereuses, nous le verrons, la réalité économique et politique s'impose vite. Le gouvernement, contraint, se résout alors à tenter d'aborder quelques problèmes de fond. Un an s'est déjà écoulé. Faute d'idées sinon claires, du moins partagées au sein de sa majorité, le gouvernement nomme donc une commission de « sages[1] » qui remettent plusieurs mois après un rapport. Le gouvernement prépare alors un projet de loi qui, au mieux, est présenté au Parlement la troisième année. À supposer qu'il soit voté cette année-là, la quatrième année est consacrée à la rédaction des décrets d'application. Quant à la cinquième c'est celle des élections suivantes et, si la majorité change, la roue se remet à tourner.

Les dépassements d'honoraires

Il serait injuste de prétendre que les nouveaux ministres arrivent sans sujets à porter à l'agenda politique, mais il s'agit, nous allons le voir, de sujets essentiellement symboliques. Il en a été ainsi de Marisol Touraine, ministre de la Santé et des Affaires Sociales du gouvernement de Jean-Marc Ayrault, lorsqu'elle a choisi de donner la priorité à la question des dépassements d'honoraires de certains médecins libéraux et hospitaliers, sujet éminemment symbolique. Elle a en effet considéré que ce serait le

1. Le vocabulaire varie ; dans certains domaines il s'agit d'experts, dans d'autres de personnalités, en santé depuis 1983, il s'agit souvent de « sages ».

sujet prioritaire de sa politique de santé, celui qu'il fallait traiter toutes affaires cessantes.

Dès sa nomination, elle y met toute son énergie et, en novembre 2012, elle obtient un projet d'accord encadrant les dépassements d'honoraires dans le corps médical, applicable par l'assurance maladie en 2013. Cet accord est signé par deux syndicats médicaux : la CSMF et le SML. La ministre crie victoire ; mais l'accord est flou et rien n'est réglé, car dans ce « projet » il n'y avait pas de définitions du montant à partir duquel il y avait « dépassement » et des modalités de mise en œuvre pour, le cas échéant, les réduire ; autrement dit : l'essentiel. En effet, quelques mois plus tard, les signataires eux-mêmes ne font plus campagne pour convaincre leurs confrères d'adhérer au nouveau système, alors qu'il fallait la signature de 25 000 médecins avant la fin juin 2013 pour que celui-ci prenne effet. Les délais ont été repoussés et, même si cet accord est signé un jour, il contient une curieuse notion qui le pourrira ; en effet reconnaître qu'il y a un dépassement « toléré », sinon « accepté » conduit à constater que le niveau actuel est trop peu élevé.

De leur côté, dès la première déclaration de la ministre, les médecins ont considéré que ce premier message à leur égard les stigmatisait comme des privilégiés. Les uns ont entendu « vous gagnez trop », les autres « vous ne gagnerez pas plus », dans les deux cas c'était, pour eux… pas assez.

Outre le fait que les médecins français gagnent très sensiblement moins bien leur vie que leurs confrères britanniques, allemands ou néerlandais, parmi les 200 000 médecins en exercice dans la France métropolitaine, 120 000 sont libéraux, 30 000 médecins libéraux sont au secteur 2 (secteur à honoraires libres), 5 000 prennent plus de 45 euros la consultation[1] et moins de 1 500 plus de 90 euros. Le taux moyen des dépassements est de 35 % soit de 8 euros pour un généraliste. Une consultation dure en moyenne vingt minutes, le lecteur pourra ainsi aisément comparer le revenu horaire d'un médecin à celui d'un avocat ou d'un consultant et le tarif d'une consultation en secteur conventionné (23 euros), inférieur à celui d'une coupe de cheveux pour homme dans le centre de Paris ou à une épilation de jambe ; il est vrai que ces actes ne sont pas remboursés par la Sécurité sociale. Si tous les médecins étaient symboliquement atteints par les déclarations de la ministre, seul un tout petit nombre propose un tarif qu'on pourrait qualifier de « déraisonnable ».

À supposer que la politique du gouvernement arrive à éliminer les quelques centaines de cas d'abus manifestes, ce « succès » sera une victoire à la Pyrrhus, car il ne résoudra aucun des deux sujets majeurs de la politique de santé à savoir : la réduction du déficit de l'assurance maladie et les inéga-

1. C'est, par exemple, le tarif que prend un médecin spécialiste au Maroc. À Philadelphie, un médecin américain prend 131 dollars la première consultation, 125 dollars les consultations suivantes. Le coût de la vie en dollars aux États-Unis est le même que le coût de la vie en France en euros et même parfois, pour le logement notamment, moins cher. Il est vrai qu'il doit rembourser ses fortes onéreuses études, ce qui n'est pas le cas de son confrère français.

lités de prise en charge des patients selon l'endroit où ils sont soignés. Or si un gouvernement veut un jour contrôler les pratiques cliniques pour garantir à chaque malade les soins requis par son état, il aura besoin de l'appui des meilleurs médecins. Il n'est pas acquis.

Certes, le système des honoraires libres pose toute une série de problèmes et pas seulement d'accès aux soins, il contribue aussi à une distorsion de la concurrence entre le secteur public et le secteur privé. Or l'histoire montre qu'on ne peut pas le traiter par la menace, mais en proposant d'autres formes de rémunérations adaptées aux conditions de la pratique de la médecine et aux souhaits des nouveaux membres du corps médical. Attaqués de front, les intéressés montrent leur extraordinaire force d'inertie. On réalise alors comment l'importante question de l'égalité d'accès aux soins peut être mal traitée par une analyse aussi idéologique que superficielle.

En politique, comme dans la vie, il n'y a pas de marche arrière. Une fois les anticorps sécrétés chez la majorité du corps médical, il n'est plus très facile de leur demander d'accompagner la politique du gouvernement. Ils n'écoutent plus et attendent, pas très longtemps en général. La durée de vie moyenne, à son poste, d'un ministre de la Santé est inférieure à deux ans.

En revanche, toujours du point de vue de l'agenda politique, il est surprenant, pour ne pas dire plus, que le sujet du financement du déficit de l'assurance maladie autrement que par des nouvelles taxes demeure un tabou alors qu'il a été prioritaire dans toutes les démocraties de l'Europe et de l'Amérique du Nord. L'essentiel est ignoré.

L'incapacité à combler le déficit de l'assurance maladie

Si Jérôme Cahuzac, ministre du Budget, annonçait en mars 2013 qu'il n'y avait dans la politique de rigueur « aucun ministère intouchable », force est de constater qu'il y a bien des dépenses taboues et au moins un ministre touché, mais cela est une autre histoire.

De nombreux pays où l'espérance de vie est supérieure à celle des Français dépensent beaucoup moins et, sans se comparer à des pays particulièrement remarquables en la matière comme le Japon, la France consacre à sa santé 46 milliards d'euros de plus que la moyenne des pays comparables (2,3 % du PIB), soit environ 35 milliards d'euros pour les seules dépenses d'assurance maladie et l'équivalent du budget de l'enseignement supérieur. Il serait donc en principe possible de continuer à veiller sur la santé des Français sans accroître, une fois encore, leurs cotisations à l'assurance maladie, les primes des assurances complémentaires « santé » et le déficit de la Sécurité sociale.

Déjà, durant la présidence de Nicolas Sarkozy, ces dépenses ont continué de croître, notamment en 2008 et, surtout, en 2009 au rythme de plus de 3 % alors que le pays était en récession. Une élection plus tard, à l'automne 2012, malgré de toujours inquiétantes prévisions de croissance économique du pays, le Parlement fixait comme objectif national de croissance des dépenses d'assurance maladie un taux de 2,7 %, ce qui représente un montant d'environ 5 milliards d'euros, soit le montant de l'effort nouveau d'économies demandées, pour les dépenses de l'État, par le ministre du Budget.

Depuis la fin 2012, l'économie du pays a stagné, le chômage atteint de tristes sommets et, mécaniquement, la masse salariale croît moins vite que prévu. Aussi, le déficit constaté en fin d'année 2013, pour le seul régime général de l'assurance maladie, sera proche de 7 milliards d'euros et celui de la Sécurité sociale, fonds de solidarité vieillesse inclus, avoisinera les 20 milliards, soit un point de PIB.

Disons tout de suite, et ce n'est pas un secret d'État que, sans toucher à la structure des dépenses et des recettes, le déficit de l'assurance maladie ne peut commencer à se résorber que si la masse salariale nationale augmente de plus de 4 % par an. On peut donc annoncer, sinon des déremboursements (le gouvernement déclare se l'interdire), mais de nouvelles cotisations, à moins que l'on décide de s'attaquer aux dépenses de soins.

Pour l'instant, on n'en prend pas le chemin, bien au contraire. Le nouvel accord conventionnel avec les médecins libéraux coûtera plusieurs centaines de millions d'euros à l'assurance maladie. Quant à la journée de carence dans la fonction publique, elle avait fait baisser de 7 % l'absentéisme à l'hôpital, son abandon représente un coût de l'ordre de 150 millions d'euros. Plus grave encore, il n'y a pas d'explication politique, pas de discours, pas d'analyse qui pourrait montrer la voie, donner espoir et expliquer comment, après deux ou trois années de rigueur, les comptes en voie d'assainissement, on pourrait alors faire face et envisager, par exemple, un meilleur financement de la dépendance.

Or, même si l'on se fixe comme objectif l'amélioration globale de la qualité des soins, la priorité des priorités est la résorption du déficit de l'assurance maladie, d'autant que les deux ne sont pas incompatibles. Toutefois, et l'on peut s'en étonner, dans la lettre que Marisol Touraine, ministre de la Santé, envoie à Alain Cordier le 8 février 2013 pour lui confier la présidence d'un nouveau « comité des sages », chargé à son tour de définir une « stratégie nationale de santé », ce point n'est jamais évoqué et ce n'est pas une question de place : la lettre fait quatre pages ! À l'été 2013, le rapport de ces sages est passé aux oubliettes ; sages peut-être mais « irréalistes », dit la ministre !

La fin de la totale liberté de prescription et le nécessaire contrôle des pratiques cliniques

Si certaines politiques publiques, comme les restructurations hospitalières, ne font sentir leur effet qu'à plus de cinq ans et plutôt dix (raison de plus pour commencer à s'y mettre et à tenter d'obtenir en la matière un accord bipartisan), d'autres peuvent avoir des conséquences quasi immédiates. Il en est ainsi des prescriptions d'actes et de médicaments. Si l'on prescrivait en France les hypocholestérolémiants comme on les prescrit en Allemagne, les Français feraient, sur ce seul poste, un milliard d'euros d'économies, dont plus de la moitié reviendrait à l'assurance maladie. Plus généralement, si les dépenses de médicament par habitant étaient en France les mêmes qu'au Luxembourg, au Danemark ou en Norvège ce poste baisserait d'environ 15 milliards d'euros.

Plus technique peut-être, mais plus central, quand on étudie la nomenclature des actes médicaux, nomenclature qui sert à payer les spécialistes de ville, on découvre qu'elle n'a pas de logique économique sous-jacente et pas toujours de logique médicale. Non seulement certains actes sont remboursés alors qu'ils ne devraient plus l'être, et d'autres ne le sont pas encore alors qu'ils le devraient, mais, surtout, la valeur implicite de la rémunération du travail et du capital de chacun de ces actes varie de manière aussi considérable qu'inexpliquée. Ainsi, selon les travaux menés par Alain Sommer, membre de l'équipe de recherche « santé » du Conservatoire des arts et métiers, quand on part de la valeur des actes pour le calcul des honoraires, les écarts du prix de la minute de chirurgien (tarif conventionné) varient de 0,50 euro à 10 euros avec une moyenne à 2,60 euros (156 euros de l'heure) et de fortes variations entre spécialités !

En attendant, le gouvernement évite de parler d'argent jusqu'au rendez-vous de l'automne qui, une fois encore, projette des déficits et de nouveaux impôts. Une autre année a été perdue. Le sujet a-t-il été une seconde envisagé ? Les plus hautes autorités de l'État pensent-elles aussi, comme le laissent croire les industriels et les professionnels de santé, que « santé » et « médecine » seraient synonymes et que donc, si l'on touche au revenu des acteurs de la médecine, la santé des Français en pâtit systématiquement ?

Quel politique aura un jour le courage de rechercher un système juste et efficace ? Pour l'instant il n'est ni l'un ni l'autre. Il risque de le demeurer car, du fait de l'importance de la pression fiscale globale, le gouvernement ne pourra pas être beaucoup plus généreux qu'il ne l'est déjà avec l'argent des citoyens. La contrainte économique prime et primera ; aussi, faute de réforme structurelle, en 2014, on fera un peu moins de la même chose, comme en

2013, et notamment les tarifs hospitaliers baisseront[1] partout : un drame.

Quand on s'intéresse à la prospective, il est sage de prédire que demain ressemblera à hier. Les ruptures sont rares. Ainsi, peu de grands pays occidentaux ont réformé en profondeur leur système de santé. Il faut pour cela de bonnes raisons qui existent depuis plus d'un quart de siècle et un accident. On peut en imaginer au moins trois. Le premier est macroéconomique et arrivera le jour où la France refinancera sa dette sur le marché à un taux élevé. Le deuxième tient à la démographie médicale de certaines spécialités et notamment des anesthésistes dont beaucoup vont partir à la retraite dans les cinq prochaines années et contribueront à une nécessaire restructuration hospitalière. Le troisième plus tardif (2030) viendra quand les premières cohortes de la génération du baby-boom dépasseront 83 ans, âge charnière pour entrer en dépendance.

Quant à la réforme, elle doit être conçue. On a vu qu'il a fallu vingt ans pour que les Français comprennent la question intellectuellement simple de la réforme des retraites. Qui en France, quelle coalition, quel parti politique est capable de concevoir ce que pourrait être une réforme du système de santé ? Demain ressemblera beaucoup à hier, jusqu'à la

1. Quand on ajoute à l'inflation l'évolution de la structure des emplois et les décisions nouvelles, une croissance des tarifs de 1,5 % ne couvre pas ces facteurs. En termes réels, il y a donc baisse.

crise financière majeure, quand elle adviendra. Mais même dans ces conditions, et l'exemple de la Grèce le montre, il n'est pas mauvais de penser le système afin, le moment venu, d'avoir une chance de panser ses plaies.

8

Démocratie d'opinion

L'avènement des sophistes[1] *et la fin de la raison*

> « Il entre une bonne dose de naïveté millénariste
> et de refus des réalités politiques
> dans notre passion pour l'environnement. »
>
> George Steiner[2]

Qu'il s'agisse d'énergie, d'agriculture ou de santé, les pages précédentes montrent que le pouvoir politique ne se sent plus légitime pour porter seul la voix de la raison, eût-il voulu le faire, ce qui reste à démontrer. La déraison l'emporte sous la pression de l'opinion et des « évidences » du moment.

Ainsi, il décide de limiter la production des centrales nucléaires alors que cette énergie est la moins onéreuse, la moins dangereuse et celle qui, avec l'énergie hydraulique, ne rejette pratiquement pas de gaz à effet de serre. Il proscrit l'usage de médica-

---

1. Nous utilisons ce qualificatif dans le sens platonicien à savoir qu'un sophiste est un orateur, un tribun dont le seul but est de convaincre, de persuader, malheureusement souvent au prix de la vérité.

2. George Steiner, *Œuvres*, *op. cit.*, p. 371.

ments ou de pesticides qui ne sont pas sans risques, mais dont les avantages l'emportent sans conteste sur toutes autres solutions. Il ferme *de facto* des voies de recherche comme celles des OGM. Il s'interdit d'aller voir si la France aurait la chance de posséder dans son sous-sol des réserves d'énergie fossile (gaz de schiste). Il instruit à charge l'utilité de certaines techniques, comme celle du moteur Diesel…

La production, qu'elle soit industrielle ou agricole, n'est vue que comme un mal nécessaire qui perturbe la nature et dérange les urbains quand ils se rendent à la campagne. La seule justification qui soit encore tolérée pour ceux qui se salissent les mains dans l'agriculture ou l'industrie est celle de l'emploi. La dimension libératrice du progrès est ignorée et son côté ludique occulté. En déclarant des moratoires pour certains thèmes de recherche, les Français prétendent être capables d'éteindre la curiosité inextinguible des hommes et ignorer le plaisir de la découverte. Les étrangers s'en amusent et en profitent.

Bien entendu, comme la langue d'Ésope, le progrès technique est la meilleure et la pire des choses. Le lecteur excusera cette remarque d'une grande banalité, aussi, sans évoquer, une fois encore, la capacité de destruction de l'arme nucléaire ou le saccage de milieux naturels remarquables par l'urbanisation incontrôlée, thèmes connus et réalités tangibles et afin d'illustrer de nouveaux dangers, soulignons qu'Internet et ses applications permettent de surveiller chaque être humain à un degré inimaginable il y a dix ans ; or l'emprise des grands systèmes informatiques ne va pas s'arrêter là. Véronique Lacapra[1] de l'université Cambridge montre par exemple que pratiquement tous les volontaires qui participent aux recherches médicales en donnant de manière anonyme leur génome peuvent être identifiés. Cela semble incroyable, mais en mettant sur la toile le génome de dix hommes « anonymes », il suffit de se connecter aux bases de données génétiques qui permettent aux familles sans archives anciennes de tracer sinon leur histoire du moins leurs origines, pour obtenir les premières identités possibles des dix possesseurs de ce génome, autrement dit de savoir, par exemple, s'ils sont plutôt originaires de Kabylie que du nord de la Pologne. Puis, en ajoutant à ces informations purement génétiques l'âge et l'état des États-Unis où résident les donneurs, cinq sur dix de ces donneurs ont déjà pu être identifiés ! Il est ensuite possible d'améliorer ce score en se rendant sur Facebook et autres sites analogues pour aboutir en quelques clics à trouver le nom de tous les donneurs qui perdent ainsi tout anonymat. Ce qui reste de vie privée est menacé par ces outils. Nous ne sommes qu'au début de cette inquiétante transparence.

Par ailleurs, et surtout, si l'humanité avance, personne ne peut dire où elle va.

Comme d'autres, je perçois et crains les conséquences d'un darwinisme social qui broie, puis éli-

1. Véronique Lacapra, « Anonymity in genetic research can be fleeting », *Shots – Health News*, 17 janvier, 2013.

mine les plus faibles. Les Français devinent bien qu'ils ne seront pas éternellement protégés comme ils le furent, pas de la même façon tout au moins, même si je suis persuadé que l'on peut, et qu'il faut, conserver la couverture sociale en matière de maladie et de retraite notamment. Mais, à l'exception de la croissance « verte », terme flou comme réalité fiscale et politique plus qu'écologique, les élus prétendent faire progresser la France en restant au bord du chemin de l'économie mondiale ce qui est la façon la plus certaine pour que leurs craintes se réalisent. La crise de leur légitimité politique les enferme dans une démocratie d'opinion, car c'est par là que le ver est entré dans le fruit.

Les rouages de la démocratie d'opinion

Nous avons vu qu'en France, pour chacun des thèmes abordés, les choses se déroulaient avec une remarquable régularité : l'opinion dicte son point de vue, l'État offre une légitimité à ceux qui l'influencent – pour ne pas dire le manipulent – et les mêmes se portent juges de la décision politique. La boucle se referme, même si cela semble tautologique : l'opinion se retourne vers les faiseurs d'opinion et eux seuls donnent du crédit aux discours. Les politiques se relégitiment en permanence auprès de la société médiatique, la société médiatique structure l'opinion et l'opinion influence le discours politique et le choix des électeurs.

Ainsi, un exemple parmi tant d'autres : au début de l'été 2013, les médias se retournent vers José Bové pour savoir si le gouvernement était toujours « écologique » alors qu'il venait de se séparer de Delphine Batho, ministre de l'Écologie, qui avait déclaré que son budget était « mauvais ». Il est vrai que ce n'était pas une manifestation flagrante de solidarité gouvernementale. José Bové donc, oracle, a généreusement accordé un sursis de quelques mois au gouvernement et déclaré qu'il rendrait son jugement au début de l'automne. Ce grand expert en matière de communication s'est construit une légitimité par sa désobéissance civile. Son côté Robin des bois amuse, lui donne l'accès aux médias et, progressivement, lui permet de structurer l'opinion et de donner un avis sur le degré de « verdure » écologique des gouvernements comme, la pipe à la bouche, sur ce qui serait bon ou mauvais pour la santé !

Le même jour d'ailleurs, et plus grave encore, la presse fait savoir que les entreprises du Medef débattent de transition énergétique, non pas avec les pouvoirs publics (ce qui aurait été le cas il y a vingt ans), mais avec les ONG ! L'État a donc transmis sa légitimité à des organisations dont la légitimité est autoproclamée et dont les objectifs comme le financement sont le plus souvent opaques.

Inutile de remarquer au passage que les mesures éventuellement touchées par cette baisse du budget du ministère de l'Écologie ne furent pas analysées par la presse ; et de noter que la presse française ne se caractérise pas par son usage excessif de l'évaluation des politiques publiques en matière d'environnement, de santé ou du reste d'ailleurs.

Peu importe en effet les solutions rationnelles qui ont été exclues, les règlements bureaucratiques, tatillons, inutiles, inefficaces qui ont été imaginés et le chômage qui s'accroît, puisqu'on demeure dans le monde des croyances et des arguments qui les portent. Les tenants de la rationalité, à commencer par les académies, sont ignorés et si, plus tard, la réalité vient contredire les annonces tonitruantes des grandes cérémonies médiatiques, comme le fut le « Grenelle de l'environnement », les politiques d'alors auront disparu ou réussi à faire oublier la réalité concrète de leurs déclarations et de leurs décisions. L'image demeure et l'image seule compte. L'État n'est plus légitime. Il ne croit plus en la raison, car la seule raison des politiques est devenue la défense de leur raison d'être : l'exercice du pouvoir. Aucun principe, fût-il scientifique, ne règle la vie publique, seules comptent les opinions. Une nouvelle ère commence.

Une légitimité légale mais de moins en moins rationnelle

Une société ne vit que si ses membres ont en commun des valeurs, des croyances et des symboles. Il est impossible de vivre ensemble si l'on ne partage pas l'essentiel de ce qui est « bien », « juste », « vrai », voire « beau ». En effet, on ne peut pas en permanence débattre toujours, tout le temps, de tous les sujets. Il serait matériellement impossible de négocier à chaque instant les règles de la vie courante et de rechercher un point d'équilibre entre les opinions et les valeurs des uns et des autres, si nous ne partagions pas en grande partie une même manière de voir le monde. Pour être partagées, ces croyances doivent être « légitimes » et donc avoir été un jour légitimées. Le mécanisme de légitimation est donc au cœur de la politique, du vivre ensemble.

La légitimité peut provenir d'un savoir, d'un processus démocratique, de l'argent, de la force, d'une croyance religieuse, de règles bureaucratiques… Tous les étudiants en droit, comme en sciences sociales, connaissent, à propos de ce thème central, les distinctions faites il y a plus d'un siècle par Max Weber. Elles portent sur les différentes manières de rendre un pouvoir légitime. Ce pouvoir peut, disait-il, être légitime parce que « charismatique », « traditionnel » ou « légal-rationnel ». Autrement dit, une personne peut exercer du pouvoir parce qu'elle a des qualités exceptionnelles que reconnaissent ses supporters (le pouvoir charismatique), parce que la tradition le lui a conféré (le pouvoir aristocratique au temps de la féodalité ou celui, plus actuel, des héritiers des grandes fortunes entrepreneuriales) ou parce que enfin un système « légal-rationnel », « bureaucratique » disait aussi Max Weber, le lui a attribué.

Depuis plus de deux siècles, la source première de légitimité est légale-rationnelle, c'est celle que procure toute élection démocratique. Les élus deviennent, grâce à ce processus, légitimes pour légiférer, gouverner et exercer leur tutelle sur les bureaucraties qui mettent en application leurs instructions dans un cadre légal préétabli. Si donc, aujourd'hui, une personne exerce telle ou telle fonction dans l'appareil d'État, si elle a du pouvoir, ce n'est plus parce qu'elle est le « fils de », comme au temps des régimes féodaux, mais parce qu'elle a passé un concours et qu'elle possède les compétences nécessaires à l'exercice de sa fonction.

Tout cela est connu, mais comment se fait-il alors que le pouvoir, toujours aussi légal, devienne de moins en moins rationnel ? Plusieurs auteurs (dont Tocqueville) avaient pressenti ou analysé cette perte progressive de légitimité et montré ce que pourrait être la conséquence dramatique d'une dictature d'opinion. Romain Laufer est l'un d'entre eux[1]. Il explique la crise de légitimité que traversent les démocraties occidentales en montrant comment évoluent le droit et la philosophie politique qui les fondent.

Pour lui, le XIXe siècle fut l'époque où la légitimité de la puissance publique était indiscutée du fait de sa seule source : l'État. Il était à tel point souverain qu'il se pensait d'ailleurs seul capable de se juger, d'où les juridictions administratives spécifiques. Puis la légitimité de l'État a commencé à s'effriter entre 1945 et 1960 ; néanmoins, jusqu'en 1960, la finalité

1. Romain Laufer, « Conflict and legitimacy in modern democratic societies », *The Public*, vol. 12 (2005), 4, 73-88.

d'une action publique, celle des missions de « service public », est demeurée suffisamment forte pour asseoir cette légitimité. Or, depuis 1960, la distinction entre le « public » et le « privé » s'estompe au point de disparaître, seule est légitime, non plus l'État, ou la finalité des actions qu'il entend entreprendre, mais la méthode qui lui permet de faire accepter une décision. La souveraineté est atteinte dans son essence et l'État n'a plus de légitimité propre car à la crise de l'épistémologie s'ajoute une crise du droit : entre le droit français et le droit européen, entre le droit public et le droit privé, entre le droit civil et le droit pénal.

Parallèlement, l'épistémologie de l'action publique évolue. La science n'est plus une et déterministe, comme elle l'était au XIXe siècle ; elle n'est même plus multiple comme au début du XXe siècle, mais relative, sinon relativiste, ce qui s'explique notamment par une confusion permanente entre nature et culture. La science d'aujourd'hui est devenue aussi celle de l'artificiel, pour paraphraser le titre du livre d'Herbert Simon[1], prix Nobel d'économie, et celle où l'on peut déclarer que « tout est bon » d'un point de vue méthodologique, pour reprendre ici le fameux mot du philosophe des sciences, un des pères du postmodernisme : Paul Feyerabend.

L'ère n'est plus donc à l'analyse des faits, ni au pragmatisme modéré, mais à la forme radicale de la rhétorique sophistique. Tout devient négociable, y

1. Herbert Simon, *The Science of The Artificial*, MIT Press, 1969.

compris, comme le montre Laufer, l'état de guerre. George Bush est ainsi parvenu à qualifier de « lutte contre le terrorisme » l'invasion de l'Irak, pourtant guerre manifeste. Il a donc suffi d'être puissant pour transformer la nature de la guerre et changer les règles de la communauté internationale dans un but qui n'était pas seulement symbolique mais aussi juridique. En situation de guerre, les assurances ne remboursent plus un grand nombre de dommages. Il était donc important pour le citoyen américain que les États-Unis ne soient pas en guerre. Tout se négocie donc si l'on parvient à faire prévaloir ses vues dans l'opinion en communiquant, ô combien !

L'avènement des sophistes

Ainsi, notre époque est celle de l'avènement du sophisme[1], ce qui compte, ce n'est pas de dire le vrai, mais de convaincre. On comprend alors qu'il suffise que l'opinion renvoie à l'opinion du moment et que ceux qui écoutent soient convaincus par les faiseurs d'opinion pour qu'une analyse devienne « vraie » et que les contradicteurs empiristes soient, au mieux, qualifiés de provocateurs. Ce ne serait donc pas un hasard si nos gouvernants ne sont plus recrutés chez les ingénieurs, les scientifiques, les militaires ou les chefs d'entreprise, tous, d'une façon ou d'une autre,

1. Romain Laufer, « New rhetoric's empire : pragmatism, dogmatism, and sophism », *Philosophy and Rhetoric*, vol. 42, n° 4, 2009.

des pragmatistes. Il n'y en a en effet aucun dans le gouvernement de Jean-Marc Ayrault, mais en revanche on y trouve abondance de juristes et de littéraires. Nos gouvernants sont des sophistes et formés comme tels. Il est vrai que l'argumentation politique est de cette nature : ce qui compte c'est de convaincre, pas d'avoir raison dans l'absolu, mais d'avoir raison pour gagner le pouvoir et le conserver.

Pour être distingué par les camarades d'une section du Parti socialiste ou les adhérents de tout autre parti politique, puis choisi pour les représenter à une élection, des talents de sophiste sont indispensables. La réalité compte peu, seul le discours à l'intérieur de ce monde fermé joue un rôle. Il se trouve que ce n'est pas sans conséquences pour le pays. Pourquoi dans ces raisonnements sophistiques, l'écologie politique fait-elle tache d'huile ?

Mary Douglas et Aaron Wildavsky[1] avaient montré que les valeurs culturelles des personnes jouaient un rôle essentiel dans la perception du risque par un individu. Les « égalitariens », par opposition aux « hiérarchiques » et aux « individualistes compétitifs », considèrent en effet que le progrès technique n'est qu'au service exclusif du grand capital qui n'a de cesse de spolier la nature et d'exploiter l'humanité. La gauche française semble donc être devenue majoritairement égalitarienne, oubliant ce que l'humanité

1. Mary Douglas, Aaron Wildavsky, *Risk and Culture : An Essay on the Selection of Technological and Environmental Dangers*, University of California Press, 1982.

doit aux entreprises privées, à commencer par les médicaments et les pesticides, ces médicaments des plantes conçus pour le bienfait des humains.

Jusqu'au début du XXIe siècle, les pays communistes n'avaient jamais découvert une seule molécule médicamenteuse active ! Quant à la destruction de l'environnement et à l'exploitation des hommes, il ne faut jamais s'être rendu dans les pays de l'Est avant 1989 pour penser que ce « modèle » optimiserait l'usage des ressources naturelles et le bonheur de tous. Une « croissance verte », pourquoi pas ? Mais pour l'instant elle est aussi artificielle que subventionnée et l'on ne peut restreindre l'avenir à cette seule dimension, fût-elle importante.

Les ONG ont des intérêts et donc aussi des conflits d'intérêts

Mais, disent les personnes de bonne foi, les associations de protection de l'environnement ou du consommateur ne peuvent pas se tromper. Si elles saisissent l'intérêt des entreprises, elles ne comprennent pas pourquoi des associations voudraient faire peur et ne seraient pas honnêtes. Implicitement donc le rôle des donneurs d'alerte serait toujours bénéfique et leur avis « indépendant ».

Oui, les entreprises ont des intérêts ! De l'affirmer, comme si c'était une révélation, ridiculise plus celui qui profère ce truisme que celui à qui est censée s'adresser cette remarque qui se voulait profonde.

L'intérêt des entreprises comme celui des consommateurs est, au cas où cela aurait échappé à quiconque, à la base d'une discipline bien vivante depuis le XVIIIe siècle : l'économie. Que ces intérêts aient parfois conduit aux pires des turpitudes n'est pas non plus une découverte. L'actualité, les romans et les films en donnent des exemples à l'infini. Il est donc nécessaire, bon et souhaitable de réguler et d'adapter ces régulations aux connaissances et outils de l'époque. Il faut alors tendre à ce que l'intérêt de l'entreprise et celui de la collectivité convergent, mais ils ne seront jamais identiques. La question n'est donc pas celle du conflit d'intérêts, mais celle de la manifestation de ce conflit par une fraude ou un acte délictueux. Il en fut ainsi des entreprises qui prétendaient à l'innocuité des poussières d'amiante, alors que l'on sait depuis la fin du XIXe siècle qu'à long terme elles peuvent être dangereuses pour la santé, voire mortelles.

Les conflits d'intérêts touchent à l'essence même d'un rôle, autrement dit il y a toujours des conflits d'intérêts que ce soit entre un commerçant et son client, entre un employé et son actionnaire ou entre un médecin et son patient. Toutefois, ces conflits ne sont pas les mêmes si, par exemple, un médecin est salarié ou payé à l'acte. Un médecin payé à l'acte a « intérêt » à opérer une patiente qui souffre de l'arthrose de la hanche, même si son cas peut attendre. L'existence de ce conflit ne veut pas dire qu'il le fera. Toujours dans le domaine médical, le médecin d'une équipe de coureurs cyclistes sera plus naturellement du côté de celui qui le paye (le sponsor de l'équipe) que des coureurs. De même, un médecin salarié n'aura pas « intérêt » à se surcharger de travail, mais la très grande majorité des médecins hospitaliers ne comptent pas leur temps… S'il n'est pas inutile de regarder, en médecine libérale, s'il y a eu des surprescriptions, l'existence d'un conflit d'intérêts ne veut pas dire que ceux qui le vivent sont malhonnêtes. La déontologie a été conçue pour que l'éthique des membres de la profession médicale, quels qu'ils soient, permette de surmonter ces conflits d'intérêts dans l'intérêt des patients. Rien de neuf sous le soleil et, pour appliquer cette éthique, ont été inventés les ordres professionnels, ainsi que des milliers de règlements.

Aussi, contrairement à ce qu'on laisse aujourd'hui entendre en matière de mise sur le marché des médicaments, il n'y a pas d'experts sans conflits d'intérêts, ils existent toujours, ils vont certes de l'infime au manifeste, mais ils existent. Il faut les connaître, les gérer sans avoir la prétention de croire qu'on pourrait les effacer. L'excès de pureté est d'ailleurs toujours proche de la totale ignorance. Comment peut-on être expert de, ou en, quelque chose quand on n'a aucun intérêt pour cette chose ? En outre l'État prétend que l'expertise, celle des universitaires notamment, est quasiment gratuite. Il n'a pas encore appris que quand c'est apparemment gratuit, cela coûte toujours très cher !

Quant aux associations, elles ont aussi leurs intérêts, ne serait-ce que de promouvoir les idées, sinon les idéologies, pour lesquelles elles ont été créées. Toutefois, il n'est pas toujours facile de les connaître, sinon de les démasquer. Ainsi, par exemple, il est impossible de savoir qui a financé l'association américaine qui a versé en son temps le montant de la première caution demandée par un tribunal à José Bové. Les travaux du professeur Séralini ont été financés par des entreprises et notamment par Auchan et « Sevene Pharma », proche d'une association IVI[1], sous la surveillance de la Mission interministérielle de vigilance et de lutte contre les dérives sectaires[2].

Enfin, les associations, même quand elles sont de bonne foi, représentent toujours un autre ordre que celui de la recherche scientifique. Comme les partis politiques, elles cherchent à convaincre et non pas à trouver une vérité. Les associations qui s'autoproclament « citoyennes » ne représentent qu'elles-mêmes et ne sont que l'expression d'une idéologie particulière. Comme l'indique l'Afis : « le contenu de la science et les résultats des recherches ne dépendent pas d'une conception politique. L'objet de la science est le vrai, et le vrai ne se vote pas. La “bonne” science n'est pas celle qui est supposée aller dans le sens d'une idéologie particulière, et la “mauvaise” dans le sens d'une idéologie opposée. La bonne science est celle qui est menée avec des protocoles rigoureux et des résultats validés par la communauté

1. Association « Invitation à la vie ».

2. www.lefigaro.fr/sciences/2013/01/09/01008-20130109ARTFIG00671-ogm-les-liaisons-dangereuses-du-pr-Seralini.php.

des spécialistes du domaine, et la mauvaise science est celle qui est construite sur des failles expérimentales ou des incohérences théoriques[1]. »

Enfin, si les entreprises privées réussissent, c'est parce qu'elles imaginent, essayent, testent et ne se développent que si elles répondent à une demande et trouvent donc un marché. Il y a toujours des milliers de tentatives, d'échecs, d'ajustements derrière tout succès commercial, tout le contraire d'un texte réglementaire qui simplifie par essence le monde sur lequel il est censé agir. Certes, le signal du succès est le profit, mais le profit c'est aussi l'emploi et… l'impôt, ce que ne semble pas produire cette forme de marxisme mou et abâtardi qui émane des mesures opérationnelles prises, notamment, depuis 2012.

Comment cependant, loin de la réalité des hommes et des choses, en prétendant pouvoir trouver une pureté qui n'est pas de ce monde, les politiques peuvent-ils prétendre qu'ils agissent au mieux de l'intérêt de ceux qui les ont élus ? Nous pensons que c'est le rôle dévolu aujourd'hui au principe de précaution.

Le principe de précaution théâtralise l'action publique

Nous avons montré qu'il ne pouvait pas être la manière de réduire les lourdes incertitudes qui pèsent

1. www.pseudo-sciences.org/spip.php?article2081.

sur le genre humain, mais il est la manière de prétendre les gérer ; il est leur théâtre. Ainsi, un exemple parmi tant d'autres, une fuite de gaz nauséabond, le mercaptan, se produit à Rouen le 22 janvier 2013. L'odeur atteint le lendemain l'agglomération parisienne. À juste titre chacun s'alarme en humant cette odeur car ce produit inoffensif, mais très odorant même à très faible concentration, « parfume » le gaz domestique, lui sans odeur. Autrement dit : quand ça sent le gaz, ça sent le mercaptan, mais, fort heureusement, dans le cas précis, ça ne sentait que le mercaptan et pas le gaz méthane aussi explosif que mortel. Les ministres de l'Intérieur et de l'Écologie déclarent à la population que le risque de cette émanation est nul pour la santé ; jusque-là, ça va.

Interrogée sur Europe 1 le lendemain, Mme Delphine Batho, ministre de l'Écologie de l'époque, confirme que le danger est bien nul pour les riverains de l'usine et toutes les personnes embaumées par cette odeur entêtante sur plusieurs dizaines de kilomètres, mais qu'« en application du principe de précaution », elle annule le match de football qui devait avoir lieu le soir même à Rouen. Pauvre principe ! Où est la précaution ? Y a-t-il une incertitude quelconque ? Non, il y a seulement une mauvaise odeur. Au lieu de dire : « Comme cela sent trop mauvais, pour ne pas incommoder joueurs et spectateurs, je suggère aux autorités compétentes de reporter le match », la ministre invoque la précaution et son principe, qui n'y peut mais !

Ce soir-là, le journal de 20 heures traite du sujet. Le téléspectateur a droit à sa ration journalière d'inquiétudes. Elle se traduit cette fois par la carte des sites « Seveso » de France. Bien entendu aucun journaliste ne profite de cette occasion pour rappeler que la catastrophe de Seveso n'a tué personne, à moins de compter dans le nombre le directeur de l'usine qui fut assassiné par les Brigades rouges. Quant aux usines chimiques, si l'on en construit encore en Suisse, ce n'est plus le cas en France : les réglementations sont nombreuses et coûteuses au point d'être littéralement insurmontables ; en effet les procédures administratives s'éternisent au nom d'une protection extrême de l'eau, de l'air, des employés et des riverains. Bien entendu, les réserves sont dans le qualificatif : « extrême ». Je suis partisan de la protection de la nature et des hommes, travailleurs ou riverains, mais à condition que ces protections soient justifiées et que l'on n'essaye pas de se protéger à grands frais contre l'improbable. Les industriels investissent donc ailleurs, y compris en Europe, et l'on voudrait que la France crée des emplois industriels !

L'incertitude a toujours pesé sur le sort des hommes, ce qui est nouveau n'est donc pas le risque individuel mais le sentiment d'un risque systémique sur l'avenir de la société française, de l'Europe, voire de la planète. On peut ainsi craindre que ne se concrétisent les menaces qui pèsent en France sur le système de protection sociale ou que ne se produise une autre crise financière mondiale. Ces risques existent mais la probabilité de leur occurrence est faible et, surtout, l'on ne sait pas comment s'en prémunir. Peu importe alors que le principe de précaution soit logiquement voué à l'échec car ce qui est incertain le demeurera quoi que l'on pense ou que l'on dise ! Peu importe que les hommes n'arrivent pas toujours à contrôler les systèmes techniques qu'ils ont eux-mêmes inventés, comme, par exemple, les mécanismes financiers de l'économie mondialisée ! Peu importe que le rejet de gaz carbonique dans l'atmosphère s'accroisse plus vite que jamais... ce qui compte pour la classe politique c'est le processus qui prétend qu'on peut, par exemple, infléchir ces rejets mondiaux de gaz carbonique, en dépit de toute analyse sérieuse de la demande d'énergie des pays émergents. Bien entendu, en laissant les faiseurs d'opinion invoquer à leur guise la nécessité de prendre des précautions, il ne s'agit que de mettre en branle des symboles et pas de trouver des solutions.

Tout cela me fait penser aux tout aussi efficaces rogations de mon enfance. Cette cérémonie religieuse permettait, à l'enfant de chœur que j'étais il y a soixante ans, de se promener aux petits matins de printemps dans les champs en priant le Seigneur de protéger les récoltes à venir et d'éviter que la rouille ne s'abatte sur les céréales et ne détruise la récolte. J'ai ainsi, plusieurs années de suite, participé à cette cérémonie aussi chrétienne que pesticide, sans autorisation de mise sur le marché. Mais ma mémoire évoque une source de légitimité traditionnelle et religieuse loin de l'actualité, quoique ! L'invocation du principe de précaution n'est-elle pas quasi religieuse du fait même de sa prétention à une existence effective ? Il n'est en effet jamais défini, même si le Conseil d'État s'est récemment efforcé d'en préciser le champ d'application. Il aboutit de fait à neutraliser les avantages de tout progrès aux bénéfices des seuls risques supposés, indéfinis ou minimes.

On peut un certain temps (un quinquennat peut-être) prétendre que la réalité n'a, à court terme, aucune importance, jusqu'au jour où elle se rappelle au bon souvenir. Mais, pour certains, la nature de ce qu'est ou sera ce rappel est difficile à voir car les conséquences des décisions techniques mettent toujours plusieurs années à apparaître. Les « précautions » successives conduisent à des règlements, ces règlements à des normes et ces normes à des dépenses. Ainsi on estime que le prix de la construction a augmenté de plus de 15 % en France entre 2000 et 2011 du seul fait de normes nouvelles à l'utilité discutable. De même, aujourd'hui, aucune entreprise de fabrication d'aliment du bétail ne s'installe en France sur un nouveau site, alors que la demande européenne et mondiale ne cesse de s'accroître. La somme des normes, des procédures, des délais et des recours possibles condamne donc le développement de certains secteurs industriels. Le lecteur sait-il que s'il fait des travaux chez lui et qu'il recoure à plus d'un corps de métier, un plombier et un électricien par exemple, la loi l'oblige à recourir aux services d'un « assistant sécurité bâtiment » ? S'il ne le fait pas, en cas d'accident, il peut être poursuivi au pénal !

Plus légère est l'histoire suivante. Dans les nouveaux bureaux, ceux qui sont construits avec la norme « HQE » (haute qualité environnementale), afin d'économiser l'énergie, l'électricité s'éteint au bout de quinze minutes si aucun mouvement n'est décelé dans la pièce. Aussi, ceux qui sont studieusement assis à leur table de travail doivent se lever ou agiter les bras tous les quarts d'heure pour de nouveau voir clair, car, aucun mouvement n'ayant été décelé dans cette ambiance studieuse, l'électricité s'est éteinte. Cette histoire est symbolique. En effet, au lieu de tester des conditions d'usage optimal de l'énergie, les normes sont préconçues, il n'y a pas eu à l'évidence d'essai, de tâtonnement ou de délégation à l'échelon de l'entreprise pour qu'elle trouve une solution adaptée. En revanche, il y a bien eu un diktat de l'administration qui a défini elle-même ce que « haute qualité » voulait dire. Certes, le noir complet réduit la consommation d'énergie, pourtant il ne semble pas que ce soit ce qu'on demande d'abord à un système d'éclairage ! Mais, cette norme provient peut-être du fait qu'un bureaucrate, fanatique de la forme, a voulu que les Français, outre l'ingestion de cinq fruits et légumes par jour, fassent tous les quarts d'heure de la gymnastique.

Tout n'est pas affaire d'opinion

Aristote avait prévu l'impuissance d'une démocratie à fonder les décisions politiques sur le savoir et l'expertise et son incapacité à résister à la démagogie. Il considérait en outre qu'il fallait exclure les sophistes de toute discussion ; s'il revenait sur Terre, il n'aurait plus grand monde à qui parler.

Il montrait déjà que tous les raisonnements ne sont pas des sophismes, même si l'on sait depuis son époque qu'un sophisme ne peut pas être distingué par sa seule forme. Néanmoins, avec lui et beaucoup d'autres depuis, je pense que tout n'est pas toujours affaire d'opinion. On ne discute pas des morts de Tchernobyl ou de Fukushima, malheureusement on les compte, comme on mesure les effets sanitaires des moteurs Diesel ou les bienfaits et les risques de la pilule Diane 35. Le seul fondement de la rhétorique des sophistes n'est pas sa vérité[1], mais son succès alors que les autres formes de raisonnement ont des présupposés que Laufer qualifie de « dogmatiques », autrement dit : ils demeurent dans le domaine de la seule raison et ne recherchent pas, pour être légitimes, à mesurer leurs effets sur le public. Mais l'époque n'est plus au dogme, à ce qu'était autrefois la politique, mais au marketing, au sophisme donc : il faut convaincre pour vendre et… pour être élu.

1. Romain Laufer, voir note citée, p. 198.

La quête du « Vrai » n'est pas du même ordre que la recherche du « Bien », de « l'Équitable » ou du « Juste »

En outre, comme l'indique Gérald Bröner[1], le problème n'est pas tant que les informations soient fausses, mais que ceux qui ont un esprit partisan sur tel ou tel thème envahissent le net de leurs opinions. Les croyances prennent ainsi le pas sur les connaissances. Il souligne également que ceux qui pourraient intervenir pour contredire ces argumentations partisanes, légères et infondées considèrent que c'est une perte de temps : c'est le « paradoxe d'Olson ». Si chacun souhaite que la raison l'emporte, peu souhaitent la défendre et attendent que d'autres le fassent à leur place. Ainsi, rappelant les bienfaits des pesticides devant des représentants de l'industrie chimique, je me suis fait prendre à partie par l'un de mes auditeurs. Il me reprochait d'être peu entendu ou de l'être bien tard, oubliant qu'il illustrait ainsi parfaitement ce paradoxe et qu'*a priori* il avait plus de raison que moi d'intervenir dans le débat public.

Personne ne prenant la peine de contredire ces opinions infondées, on est bien à l'époque de la domination de ce que Bröner appelle le « paralogisme du démocratisme ». Il s'énonce ainsi :

« La démocratie est bonne.

Cette décision est prise démocratiquement.

1. Gérald Bröner, *La Démocratie des crédules*, PUF, 2012.

Cette décision est bonne. »

On voit quelle arme redoutable constitue ce syllogisme. Ainsi, le président Sarkozy a déclaré ne pas vouloir lever le moratoire sur les OGM « parce que la majorité des Français pensent qu'ils sont néfastes ». Or l'opinion des Français a, en la matière notamment, été manipulée par les faiseurs de peur. C'est ce que Bröner appelle la « démagogie cognitive : l'opinion publique croit savoir [...]. La tentation de complaire à l'opinion publique plutôt qu'à l'intérêt général est alors grande ». Ainsi, on parle des dangers des pesticides et pas de leurs bienfaits.

Nous avons vu que la théorie du marxisme ordinaire, utilisée par les faiseurs de peur en général et les écologistes en particulier, consistait à prétendre que si M. Dupont ou Mme Durant défendait tel ou tel point de vue c'est qu'il (ou elle) avait un conflit d'intérêts qui biaisait sa recherche de la vérité. Cette méthode a l'avantage d'être simple et universelle, elle convient donc aux paresseux. Pourtant, la question est de savoir si la méthode utilisée pour une recherche précise était ou non rigoureuse et permettait ou non d'aboutir aux conclusions tirées de l'expérience. Il est vrai que cette façon de faire demande du travail et de la compétence.

Le Parti socialiste français pense, en particulier, être capable d'« enraciner la science dans une base morale »

C'est en cela que la gauche aussi a perdu la raison, elle ne croit plus, comme au temps de Jaurès, à la force du raisonnement scientifique et à l'importance de l'expérience, elle cherche à avoir raison au sens médiatique du terme, autrement dit à penser comme les autres pensent. La démocratie délibérative a pris le pas sur la séparation des ordres. Une décision est « bonne » si toutes les parties prenantes ont été consultées, méthode qui, notamment, fait fi de l'efficacité des techniques de manipulation de l'opinion.

Certes, on ne peut plus prétendre, comme il y a un siècle, que progrès scientifique, progrès social et progrès moral sont systématiquement associés : les guerres du XXe siècle ont offert un terrible démenti à cette rassurante et merveilleuse croyance. Mais, si l'on a de bonnes raisons de douter d'un progrès moral, le progrès scientifique galope toujours, seul. Il contribue dans de nombreuses circonstances – comme en médecine – au progrès social, mais il pose de nouvelles et profondes questions morales que notre classe politique semble incapable de résoudre, voire d'appréhender. Aussi tente-t-elle de prétendre que l'on pourrait, par une confusion des ordres, renverser la causalité, et ne permettre des recherches que là où les découvertes potentielles seraient socialement utiles. Lesquelles ? Comment les connaître alors que, par définition, on les ignore ? N'y a-t-il jamais des découvertes qui, à l'instar de celles sur l'atome, sont à la fois dangereuses (la bombe atomique) et utiles (la médecine nucléaire) ? Oui, bien entendu, mais en attendant, le site du Parti socialiste, reprenant les conclusions des débats de son université d'été à La Rochelle en 2010, offre une parfaite et terrible illustration[1] de cette dérive.

« Face aux dangers qui nous menacent, il devient désormais indispensable de se doter des institutions capables de donner un sens et d'organiser la recherche autour de grands principes éthiques [...]. Le progrès correspond au développement d'un idéal d'équité et de prospérité. Loin de constituer une barrière au développement de l'innovation, enraciner la science dans une base morale solide permettra de réinsuffler du dynamisme dans la recherche, préalable indispensable pour renouer avec une confiance dans le progrès. »

Un tel jargon, doublé de contresens philosophiques, ne peut qu'émouvoir, voire bouleverser, un ancien membre de la commission « Recherche » de ce parti. La science en effet ne s'intéresse pas au « juste », ou à « l'équitable », elle s'intéresse au « vrai ». Tous les militants bien intentionnés de France n'y changeront rien, que l'on « enracine la science dans une base

1. www.parti-socialiste.fr/articles/les-socialistes-la-science-et-le-progres.

morale solide » ou pas. De surcroît, la science est mondiale et tous les socialistes de France n'éteindront jamais la soif de curiosité des chercheurs.

La curiosité des hommes est irrésistible et celle des chercheurs leur raison d'être. Si l'on peut la contraindre ici avec des moratoires, des coupures de crédits ou des limites d'âge, elle se développe ailleurs. Les chercheurs voyagent et, parfois, quittent la France pour pouvoir assouvir aussi longtemps qu'ils le peuvent leur désir de comprendre. C'est en effet merveilleux de s'endormir avec des problèmes dans la tête et de se réveiller le matin avec des idées puisées la veille dans la lecture d'un article ou la compréhension d'un facteur qui pourrait expliquer un résultat bizarre et que, sans que l'on sache précisément pourquoi, on commence à comprendre. À l'instar des artistes, les chercheurs créent. Certes, l'importance de cette création n'est reconnue et partagée que par quelques collègues situés le plus souvent à des milliers de kilomètres, les membres de notre « collège invisible ». Mais quelle satisfaction quand on trouve quelque chose, même mineur, ou quand on lit un article original, même s'il se glisse alors une once de jalousie en se demandant pourquoi on n'y a pas soi-même pensé. Les chercheurs veulent comprendre ce qui est, comment cela marche et pourquoi cela fonctionne comme cela. Cette curiosité occupe leur vie.

Les politiques eux, s'intéressent aux valeurs, celles qui règlent la vie des hommes en société. Bien entendu, la politique est légitime pour encadrer l'usage des techniques. On peut évoquer quelques exemples dans le désordre et sans aucune hiérarchie : les mères porteuses, la protection de la vie privée, la pornographie sur Internet, l'acharnement thérapeutique… car la technique ne dit rien du bien, mais tout du possible, et la société doit dire dans le possible ce qui est acceptable et ce qui ne l'est pas, voire ce qui est bien.

En accroissant le champ du possible, la technique apporte de considérables bienfaits et rend envisageables de non moins importants moyens d'oppression. Si toute vue moraliste de la science et de la technique est vouée à l'échec, cela ne veut pas dire que la science et la technique ne posent pas des questions morales, inimaginables avant que n'arrivent les découvertes qui conduisent à les poser.

Il en est ainsi de la généralisation de l'eugénisme à grande échelle, car elle va être rendue possible avant la fin de cette décennie par l'explosion (et le bas coût) des techniques de génétique humaine[1]. La société française n'aura donc pas des siècles, à peine quelques années, pour se préparer aux conséquences de l'analyse du génome d'un fœtus de cinq semaines qui coûtera à ses parents à peine cent euros et, s'il n'est pas « comme il faut », la mère optera

1. L'eugénisme a déjà commencé avec les tests de la trisomie 21 et l'avortement des fœtus porteurs de cette anomalie.

pour une discrète interruption de grossesse. Y a-t-il un parti politique qui évoque cette question ? Serait-elle moins fondamentale que celle qui touche au maïs transgénique ?

Une vision politique des applications de la science et de la technique est donc aussi légitime que nécessaire, mais n'intervient qu'une fois les découvertes connues. Ces politiques ont des conséquences concrètes[1]. Toutefois le procès fait à la science, au nom de ses applications, est insensé.

En revanche, c'est un procès à la politique qu'il faut intenter, car elle démontre son incapacité à traiter des questions éthiques et morales des découvertes scientifiques, sauf en les rejetant (OGM) ou en feignant un possible retour à un passé (les produits « bios », « naturels ») qui aurait été meilleur.

Le progrès est irrésistible. Qui veut abandonner Internet, les vaccins, la télévision en couleur, les analgésiques, la chirurgie non invasive, l'ordinateur portable, la climatisation dans les automobiles… ? Ont-ils, avant de diffuser sur la planète entière, été l'objet d'une quelconque « démocratie délibérative », comme le proposent des caciques du Parti socialiste ?

Se parer de déclarations dégoulinantes de bons sentiments, penser contraindre la curiosité des hommes, adopter implicitement l'idéologie de la décroissance, affirmer – comme le fait le conseiller technique d'un

1. L'augmentation du prix de l'électricité en France provient ainsi d'un choix politique en matière du développement des sources d'énergie dites « alternatives ».

ministre – que « la somme des subjectivités donnera l'objectivité », fermer la voie à des industries du futur ne sont que pauvres manières d'éviter de traiter des questions posées par la science et la technique aux sociétés contemporaines. Pour y parvenir, il convient avant tout de cesser de confondre les ordres du vrai (la science) et les ordres du fort, du juste ou de l'équitable (la politique). Puisse cet essai y contribuer.

Postface

Pour la droite, la raison s'en était allée, il y a longtemps déjà

Si cet ouvrage est particulièrement critique à l'égard de la gauche, ma famille politique, c'est parce qu'elle seule, durant deux siècles fut, sans faille, progressiste. Je n'avais jamais imaginé qu'elle pourrait cesser de l'être ; c'est donc d'elle dont j'ai surtout voulu parler. À la mesure de ma déception, *La gauche a perdu la raison* aurait pu être le titre de ce livre, mais cela aurait été injuste car, pour la droite parlementaire cette raison s'en était allée, il y a bien vingt ans déjà.

Encore sous le gouvernement Jospin, la gauche demeurait aventureuse. Ainsi, l'autorisation de culture en plein champ d'un premier OGM a été donnée par Mme Voynet, alors ministre écologiste du gouvernement Jospin. C'est bien sous le gouvernement d'Edouard Balladur qu'apparaît la première rupture, la première perte de raison. Qu'une partie de la droite retrouve ses vieux démons conservateurs me surprenait moins.

Le moratoire sur les cellules souches

La loi de bioéthique de 1994 a en effet prohibé la recherche sur les embryons et les cellules souches embryonnaires humaines. En 2004, la révision de cette loi a abouti à proroger cette interdiction, en émettant quelques dérogations de cinq ans pour certains travaux de recherche dans les cas très restrictifs où ils étaient « susceptibles de permettre des progrès thérapeutiques majeurs[1] ». C'est donc au nom d'une conception catholique[2], plus que chrétienne, de l'embryon, que ces mesures ont été prises et que la recherche française s'est ralentie.

Bien entendu, ce ne fut pas le cas dans d'autres pays. Que pouvait attendre la France d'une telle quarantaine ? A-t-on imaginé une seconde que l'Église catholique changerait de position alors que celle-ci avait aussi peu de chance d'évoluer dans ce domaine que sur l'interruption volontaire de grossesse ou le mariage entre homosexuels ? Est-ce le mythe de Frankenstein qui, une fois encore, remontait à la surface et poussait le gouvernement de l'époque à vouloir rendre la France « exemplaire » ? Mais, exemplaire en quoi ? En outre, si tel était le cas, le gouvernement ne savait-il pas

1. Comme si on pouvait toujours savoir à l'avance ce qui constituerait un progrès majeur ! Certes, cela serait bien utile mais, à part le tirage des cartes, je ne vois pas bien comment l'on pourrait procéder en pratique !

2. La personne humaine commence au moment de la fécondation de l'ovule par le spermatozoïde.

que, ce faisant, il perdait du poids dans la communauté internationale ? Pour intervenir dans un secteur, pour peser dans des négociations internationales, il faut être légitime et donc acteur. Les débats sur la prolifération des armes nucléaires le démontrent, s'il en était besoin.

Dans plusieurs domaines de la biologie et de l'énergie, sous des gouvernements de droite, la France a donc quitté la compétition mondiale tout en se complaisant dans le commentaire des travaux des autres, ce qui ajoutait le ridicule à notre réputation ancienne d'incorrigibles donneurs de leçons. En lisant la presse française, j'ai souvent pensé à une réplique célèbre d'Arturo Toscanini, grand chef d'orchestre, à qui une admiratrice confiait un jour qu'elle n'aimait pas Beethoven ; il lui répondit : « Madame, ceci n'a aucune importance ! » En effet, les commentaires de la presse et des politiciens français sur les cellules souches, les OGM ou le gaz de schiste n'ont pour l'humanité aucune importance… sauf pour les Français.

En attendant, avec le moratoire sur les cellules souches, la France s'excluait d'un secteur stratégique. Aussi, à quelques-uns, aidés par Blandine Barret-Kriegel, avions-nous tenté en son temps de convaincre le président Chirac des conséquences dramatiques de cette décision. Il nous avait aimablement reçus, s'était montré étonné de découvrir qu'il était aussi porteur de gènes de la mouche du vinaigre[1], mais il avait tenu bon et des équipes françaises qui travaillaient sur ce thème sont parties en Chine et aux États-Unis où les portes des laboratoires leur étaient ouvertes.

Aujourd'hui, la France n'est plus dans le peloton de tête des pays qui travaillent sur la différenciation cellulaire, sujet fascinant car il cherche à découvrir les mécanismes par lesquels un œuf fécondé est programmé pour devenir, selon son origine et ses codes génétiques, une personne humaine, un crocodile ou un scarabée et l'un quelconque de leurs organes.

Il ne s'agit pas seulement de curiosité intellectuelle car, une fois ces mécanismes découverts, il devient possible de reprogrammer des cellules souches pour fabriquer une rétine, une thyroïde, de la peau ou un pancréas. Certes, les découvertes de John Gordon (Royaume-Uni) et de Shinya Yamanaka (Japon) – prix Nobel 2012 – permettent de contourner aujourd'hui en partie la question éthique. En effet, grâce à leurs travaux, on peut reprogrammer des cellules matures (les cellules de la peau notamment) et faire qu'elles redeviennent des cellules pluripotentes. Autrement dit, ils ont montré comment il était possible à une cellule de faire marche arrière, de revenir à son origine, à sa souche, sans donc passer par l'œuf fécondé. Mais, quel gâchis, quelle hypocrisie,

1. La drosophile (mouche du vinaigre) est un animal de laboratoire utilisé comme modèle en génétique depuis des décennies. Certains de ses gènes, notamment ceux de la symétrie, se retrouvent chez l'homme, et j'ai donc fait remarquer au Président d'alors, inquiet de cette découverte, que cette particularité ne s'attachait pas à sa seule et éminente personne.

quel retard, quelles occasions perdues, même si l'étau réglementaire vient à l'été 2013 de se desserrer !

Le principe de précaution

La droite parlementaire est aussi celle qui fut à l'origine, en février 2005, de l'inscription dans la Constitution française de la Charte de l'environnement, installant ainsi le principe de précaution (art. 5) au niveau le plus élevé des normes juridiques. Nous avons dit en son temps[1] ce que nous pensions de ce principe aussi absurde que jamais défini, comme s'il avait toujours eu une existence ontologique évidente. Il ne propose rien sinon une procédure qui doit conduire dans le cas de la réalisation *incertaine* d'un dommage à prendre des mesures *proportionnées*. Malheureusement pour ce principe, ce qui est incertain le demeure et le demeurera et l'on saisit alors très mal comment des mesures pourraient être proportionnées alors qu'il s'agit de dommage incertain. Ne reste alors que son illogisme et les conséquences désastreuses de précautions aussi inquiétantes qu'inutiles.

Ainsi, en 2012, pour la première fois en France depuis des décennies, l'espérance de vie des femmes[2] a baissé parce qu'elles étaient moins vac-

1. Jean de Kervasdoué, *Les prêcheurs de l'apocalypse*, *op. cit.*, et *La peur est au-dessus de nos moyens, op. cit.*

2. Celle des hommes est restée stable. Ils se disent aussi plus enclins à se faire vacciner.

cinées que les années passées. Beaucoup, non protégées, ont succombé à l'épidémie de grippe du mois de février de cette année-là. Or, si la vaccination a reculé, c'est qu'au moment du mélodrame de la grippe H1N1, le gouvernement avait décidé « par précaution » de réserver les vaccins sans adjuvant aux femmes enceintes et aux enfants. Tout le monde avait alors compris que, si on prenait de telles précautions, c'est parce que le vaccin avec adjuvant était dangereux, d'où la baisse de la vaccination et ces morts inutiles.

Par ailleurs, avec la peur de la vaccination, une épidémie de rougeole se propage en France à bas bruit. La vaccination recule car de moins en moins de personnes acceptent de prendre un risque infime pour un considérable bénéfice individuel et collectif. Au début cela est sans conséquences car les non-vaccinés sont protégés par ceux qui le sont ; vient un jour où le nombre des non-vaccinés devient suffisamment élevé pour que l'épidémie réapparaisse et fasse des ravages trouvant sur son passage de plus en plus de personnes qui ne sont pas immunisées.

Le « Grenelle de l'environnement »

Quant au « Grenelle de l'environnement » qu'en reste-t-il ? Des investissements qui tardent et, quand ils arrivent, n'ont pas l'effet escompté, des réglementations inutiles comme celles imposées aux communes par Mme Kosciusko-Morizet[1] pour limiter les fuites dans les réseaux d'eau potable, investissements le plus souvent injustifiés[2], la taxe carbone et ses avatars, les difficultés du photovoltaïque traduites par des faillites et des pertes d'emploi, les lourdes contraintes qui pèsent sur le monde agricole, l'interdiction des OGM et de l'exploration des ressources en gaz de schiste, la baisse de la puissance des émetteurs pour le réseau téléphonique et la légitimation donnée par ces politiques à des croyances scientifiquement infondées.

En attendant, le rejet de gaz à effet de serre en Europe et dans le monde n'a cessé de croître, des productions agricoles se sont délocalisées, le prix de l'énergie a augmenté, la France importe des OGM et toujours plus d'énergie.

Oui, la droite avait déjà perdu la raison. Pour « emmerder Jospin », disait déjà dans son langage fleuri le président Chirac, qui souhaitait se montrer plus écologiste que son adversaire malchanceux de l'époque. Je ne doute pas qu'il y ait eu derrière ces décisions des manœuvres politiciennes, mais le mal est plus profond. Toute la société française est atteinte, jusqu'à la gauche qui se refuse aujourd'hui à la grande aventure de la recherche au nom d'une

1. Elle fut aussi, avant d'être ministre, le rapporteur à l'Assemblée de la charte de l'environnement et donc une avocate vibrante du principe de précaution.

2. Jean de Kervasdoué et Henri Voron, *Pour en finir avec les histoires d'eau – L'imposture hydrologique*, Plon, 2011.

alliance avec certains partis écologistes et renie la tradition de ses grands anciens allant de Jean Jaurès à Jean-Pierre Chevènement, sans oublier la très importante contribution de Pierre Mendès France. « La République a besoin de savants[1] », disait-il. Oui, plus que jamais, elle a besoin de les entendre et de les écouter.

J. de Kervasdoué, octobre 2013

1. Pierre Mendès France, Assemblée nationale, le 3 juin 1953.

Remerciements

Je souhaite remercier ici tous ceux qui ont apporté des commentaires amicaux, et donc critiques, à cet ouvrage : François Blamont, Catherine du Chatelet, Claudine Drai, Thierry Gineste, Gérard Jorland, Anne de Kervasdoué, Romain Laufer, Malcy Ozannat, Étienne Pflimlin, Patrick Ponsolle, Alain Sommer.

Bien entendu, tout ce qui est écrit dans cet ouvrage n'engage que son auteur.

Composé par Nord Compo Multimédia
7, rue de Fives, 59650 Villeneuve-d'Ascq

Cet ouvrage a été imprimé en France par

CPI
BUSSIÈRE

à Saint-Amand-Montrond (Cher)
en février 2014

N° d'édition : 53564/03 – N° d'impression : 2008222

Dépôt légal : janvier 2014